U0347242

没有领导力也能办到

30招破解职场难题

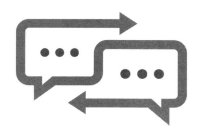

[日] **大桥高广** —— 著　陈广琪 尹茜 —— 译

リーダーシップがなくてもできる
「職場の問題」30 の解決法

机械工业出版社
CHINA MACHINE PRESS

"SHOKUBA NO MONDAI" 30 NO KAIKETSUHO

by Takahiro Ohashi

Copyright © Takahiro Ohashi 2021

Original Japanese edition published by Nippon Jitsugyo Publishing Co., Ltd.

All rights reserved

Chinese (in Simplified character only) translation copyright © 2024 by China Machine Press

Chinese (in Simplified character only) translation rights arranged with Nippon Jitsugyo Publishing Co., Ltd. through BARDON CHINESE CREATIVE AGENCY LIMITED, HONG KONG.

This edition is authorized for sale in the Chinese mainland (excluding Hong Kong SAR, Macao SAR and Taiwan).

No part of this book may be reproduced or transmitted in any form or by any means, electronic or mechanical, including photocopying, recording or any information storage and retrieval system, without permission, in writing, from the publisher.

All rights reserved.

本书中文简体字版由 Nippon Jitsugyo Publishing Co., Ltd. 通过 BARDON CHINESE CREATIVE AGENCY LIMITED, HONG KONG 授权机械工业出版社在中国大陆地区（不包括香港、澳门特别行政区及台湾地区）独家出版发行。未经出版者书面许可，不得以任何方式抄袭、复制或节录本书中的任何部分。

北京市版权局著作权合同登记　图字：01-2022-1973 号。

图书在版编目（CIP）数据

没有领导力也能办到：30 招破解职场难题 /（日）大桥高广著；陈广琪，尹茜译 . —北京：机械工业出版社，2023.11

ISBN 978-7-111-74422-1

I. ①没… II. ①大… ②陈… ③尹… III. ①领导学 IV. ① C933

中国国家版本馆 CIP 数据核字（2023）第 243123 号

机械工业出版社（北京市百万庄大街 22 号　邮政编码 100037）

策划编辑：孟宪勐　　　　　　　责任编辑：孟宪勐　　刘新艳

责任校对：肖　琳　张　薇　　　责任印制：郜　敏

三河市宏达印刷有限公司印刷

2024 年 3 月第 1 版第 1 次印刷

147mm×210mm · 7.125 印张 · 1 插页 · 89 千字

标准书号：ISBN 978-7-111-74422-1

定价：59.00 元

电话服务　　　　　　　　　　网络服务

客服电话：010-88361066　机　工　官　网：www.cmpbook.com

　　　　　010-88379833　机　工　官　博：weibo.com/cmp1952

　　　　　010-68326294　金　书　网：www.golden-book.com

封底无防伪标均为盗版　机工教育服务网：www.cmpedu.com

职场中，具备领导力的上司极其稀缺

各位读者，很高兴见到你们，我是大桥高广。作为一名人事顾问，我的职责是提供人事考核制度设计与运用方面的咨询服务，以及管理层进修和职场改善。为了实现现场工作成果，我有许多机会单独听取客户员工的看法。久而久之，我弄清楚了一个很明确的事实，那就是**"职场中，具备领导力的上司极其稀缺"**。

我认为，与其说这是上司们自身的问题，倒不如说是职场结构的问题，后者的影响远大于前者。例如，多数上司的晋升考核基于他们的"实际业务能力和业务成果"，并非基于"管理才能"。他们接受了大量实际业务培训，包括在职培训，却并未接受过针对管理层的培训，或是只接受过数次临时性的针对管理层的培训。可以说，这也导致了他们难以发挥出管理层应有的领导力。

因此，胸怀大志的上司们为了从书本中学习知识，流连于书店。然而，书架上所摆放的大多是关于诸如"驾驭他人的能力"等要求读者具备领导力的书。从现实方面来讲，上司们难以在看完书的第二天就开始在职场上展开实践。

如果以这种唯精神论的方式去看待管理层工作，上司本人自不必多说，高层领导和人力资源部门也将疲于奔命。这是因为唯精神论的复刻性极低。然而，多数职场都深深陷在这种恶性循环中，沉浸于唯精神论无法自拔。

• 我们需要的是即使不具备领导力
也能解决职场问题的方法

我的建议如下：**今后上司／管理层的能力提升不应基于"唯精神论"之类的领导力，而应当建立在**

"方法论"之上——具备完成管理层工作的能力。

在本书中，我将以"三个步骤"来解说管理层工作。

第一步：倾听部下的心里话，从而掌握职场问题的症结所在。

第二步：为避免部下遭受不利影响，在公司内部共享打听到的信息。

第三步：在征得部分部下同意和公司许可后，切实解决职场问题。

认真反复实践这三个步骤的上司势必能够获得其部下的信赖。即使领导力不是很强，也能与部下构筑起信任关系。

我看到过许多公司盲目引入最新的制度，新制度不到数月便自然"死亡"，反复多次之后，整个公司最终陷入"改善疲劳"之中。

对此，虽然本书为各位读者提供了解决职场问题的 30 种方法，但我仍希望各位能倾听部下内心的想法，掌握职场现状，然后在此基础上，从各位所认为的有效方法入手。为何我希望各位从倾听部下内心的想法开始，踏出解决职场问题的第一步呢？

理由在于：上司改变，职场也会随之改变。把一切问题归咎于公司，什么问题都解决不了。让我们共同创造一个值得为之奋斗到底的职场吧。

目　录

前言

职场中，具备领导力的上司极其稀缺

序章

为什么无论怎么做
都无法解决"职场问题"

第 1 章

**思考工作方式改革时代
的"职场环境"**

第 2 章
**职场内部信息沟通不畅
"难以察觉"的原因何在**

第 3 章　步骤 1

任何人都可以做到！
职场问题"探听"术

第 4 章　步骤 2
最大的难点！职场问题的"共享"技术

第 5 章　步骤 3

现在立马能上手！
职场问题的"改善"技术

第 6 章

没有领导力也能办到！
领导层工作的"改善"技术

终章

令公司即刻改头换面难上加难，让我们先从"基层职场"着手改善吧

结束语

序章

为什么无论怎么做都无法
解决『职场问题』

大多数关于改善职场的知识都是隔靴搔痒

如今，因工作方式改革与新冠疫情的影响，职场中的各种问题积重难返。

作为一名人事顾问，我平时接触了许多公司，不同行业、不同规模的公司，它们的问题千差万别。

例如，制造业中就存在着这样一个问题：工作多年的老员工所积累的技术**没能传承给年轻的新人**。

在过去，新人可以通过"观摩偷师"的方式获得指导，可是现在，工作方式改革使工作时间相应减少，也导致年轻人难以掌握技术，并且以上状况仍在持续。

在餐饮业中，许多企业在招聘兼职员工方面可谓历经九九八十一难。即使招聘到了员工，**好不容易培养出来却无法留住他们**，员工很快就辞职了，这已经成为常态。

拥有店长或经理等头衔的管理层人员，在管理兼职员工上煞费苦心，安排轮班、指导培训员工、填补岗位空缺，等等，他们的一天眨眼之间就这么过完了。营业时间结束之后他们才开始做自己的工作，这是家常便饭。不眠不休地工作，结果就是一些人累垮了自己的身体，心理健康也同样出现了问题。

就企业规模而言，中小型、初创企业都存在结构性问题——企业业务过多，员工人数过少。如今的状况是，其中很多企业不为员工提供带薪休假、产假甚至陪产假。

另外，大公司正不断推进工作方式改革，整体工作时间减少，工作环境也在不断改善。然而，新冠疫情导致裁员不断，职场发生了翻天覆地的变化。

此外，现在所有公司都必须不断实行新对策，如业务在线化、居家办公，等等。

在问题层出不穷的背景之下，社会中仍不断涌现出所谓改善职场的"工具"和"技巧"。只要读读书、去去研讨会，就能立马将"最新工具"收入囊中。

在公司中，有相当多的人勤奋好学，我们可以看到他们拼命收集信息，以求获得那些看起来能在自家公司用上的"工具"和"技巧"。

例如，时下，在人力资源领域被称为"HR 技术"（人力资源技术）的工具十分流行。HR 技术由"人力资源"和"技术"相结合而来。

简而言之，这是指使用尖端技术提供人事问题解决方案和整体服务。**其中最具代表性的是人事考核云系统和激励管理系统等**，利用云系统进行人事考核和激励调查已成为当下的流行趋势。

比如，在某员工满意度（Employee Satisfaction，ES）调查中，通过以下问卷来了解员工的满意度：

"你会向学弟学妹们推荐这家公司，让他们入职吗？"

"你会向亲朋好友推荐自家公司的产品吗？"

这些问题相当于问："你喜欢这家公司吗?"不过，一般而言，当被问及"你是否喜欢这家公司"时，有多少员工能坦率回答"讨厌死了"呢?

除非员工有辞职的打算，否则他们绝对会回答"我喜欢这家公司"。有些调查可以衡量员工答案的可信度，但即使如此，员工也不可能完整地表达出对公司的不满。尽管如此，公司仍基于这些调查结果，因"我司员工满意度很高"以及"我们的工作方式改革卓有成效"而沾沾自喜。坦白地说，这种做法没有意义。

不仅如此，非常有趣的是，现实中工作**积极的人反而会辞职**，特别是年轻的员工，他们一旦认定继续留在这家公司工作没有什么盼头，就会直接撂挑子不干了。

实际上，这类公司有时也会向我咨询建议。

"我司员工分明干劲儿十足，ES 调查也能印证这一点，可为什么公司就是留不住积极进取的员工呢? 这到底是怎么回事呢?"

对于这类问题，我回应如下：

"他们积极进取，却离开贵公司，这难道不是意味着贵公司自身有什么问题吗？"

让我觉得不可思议的是，许多公司非常热衷于引入新制度，可实际上，它们似乎又对新制度是否真的有效漠不关心。它们似乎觉得，只要引入新制度就万事大吉了，只要有个开头就会水到渠成。

如果冷静下来思考一下，就会发觉事情并不像想象的那么简单。

"只要引入新制度就万事大吉了"，这种想法类似于肚子痛时，不管三七二十一先服用些肠胃药来应付。

就算统称为"肚子痛"，发作原因也各不相同，有可能是腹泻、胃溃疡、阑尾炎或癌症。明明不清楚肚子痛的原因，却认为吃些肠胃药就能药到病除，那可太荒谬了。

当肚子痛时，看病的医生敷衍了事，只开一些肠胃药，那才难受吧？

想必各位读者都能理解这个比喻，但不知为何，当涉及职场问题时，高层领导却一而再再而三地犯相似错误（见图 0-1）。

图 0-1　单单引入新制度无法解决职场问题

就是因为职场存在问题，所以引入看上去还不赖的制度……

只要做好制度引入，后面就不用再做什么了，制度会自行解决问题……

仔细想想，似乎谁都明白这是痴人说梦，但不知为何，在多数情况中，大多数人仍会陷入这个思维盲区。

无法解决问题的原因在于，不明白职场问题"真正的根源"是什么

恶劣的职场环境得不到改善的原因在于，不明白职场问题"真正的根源"是什么。**大多数职场，由于问题"真正的根源"没能被抓住，因此陷入了一种恶性循环——"实施方向错误的对策→职场环境并未改善→实施另一个方向错误的对策"。**

例如，某家公司因在招聘方面屡屡碰壁，烦恼

不已。就算它在"Hello Work"[○]上打广告，也找不到求职者。

于是，它决定投一笔钱给猎头，寻求人才中介服务，却仍然无法如愿得到需要的人才。A 猎头公司不行，那就找 B 公司、C 公司……结果仍如出一辙。

在这种时候，公司仍对无法吸引人才的真正原因漠不关心。**在毫不清楚真正原因的情况下，寄希望于猎头公司**。这就犹如买张彩票，一个劲儿希望神明眷顾自己一样。吸引不了人才也是理所当然。

另外，在离职率高的企业，以"工资"为由而辞职的情况时有发生。各统计结果显示，作为辞职原因之一，"工资"常年霸榜。然而，我从与员工面对面的意见听取会中得知，**所谓的工资，仅仅是一个合适的辞职理由而已**。

一般情况下，员工在职期间难以向公司启齿"希望涨涨工资"这一要求。

○ 公共职业安定所 = 劳动人事局。

让我们来假设一下，现在有一个人每月工资为20万日元。这个人与公司交涉说"我结婚了，有要孩子的打算，希望公司加薪到30万日元"，可能无法简简单单地让公司同意吧。

因为员工对此一清二楚，所以在职之时不说半点儿牢骚话，这也成了大家心照不宣的共识。然而，**当要辞职时，他们会认为此时再不提出工资问题就没机会了**。

"结婚之后想要个孩子，所以我决定找一份条件更好的工作。"

一旦这么说，公司也只能选择接受、理解："既然这样的话，那也是没办法的事啊。"

要是以这种理由而辞职的情况持续下去，公司必然会十分焦虑。"要是如此多的人因工资原因而辞职，就只能提高工资了吗？"

诚然，无论是谁，都肯定希望自己的工资往上涨，因此，会有相当数量的人真的是因工资问题而辞职。然而更多的人将工资作为辞职的理由，是因为这样说十分方便。

**即使是人际关系或工作方面存在问题，可要把
这一问题当作辞职理由，也实在是抹不开面子。因
此，能轻而易举说出口的辞职理由就只有工资了。**

员工并非完全不了解工资行情，他们对行业和
职位的工资行情有一定认识，也清楚自己只要继续干
着相同的行当，收入天花板在哪儿。以工薪阶层来
说，只有少数行业和职位能赚到盆满钵满。如果真想
收入大幅提高，就应该趁早跳槽去收入更高的行业。

在这种情况下，员工要是还以工资为理由而跳
槽，很可能其中有什么隐情。如果在还未洞察员工
意图时就试图去改善职场，最后很可能南辕北辙。

事实上，有太多公司都在试图用与前文类似
的错误方式解决问题。**迄今为止，我与共计1200
多名公司员工对话过，可以拍着胸脯告诉各位，只
有一小部分公司知道职场问题"真正的根源"，并
采取有效对策。**这听上去令人难以接受，但这就是
现实。

——

了解职场问题的必要条件

　　让我们先从结论道来：**要了解职场问题的本质并加以解决，我们首先要做的是从基层管理者起，建立职场内部的沟通机制，在这之后才轮到"工具"和"技巧"出马。**管理层知道职场问题，并对解决问题予以支持，这似乎是最难却也是最快捷的途径。

　　除非管理者发挥出应有的作用，否则使用再好的"工具"和"技巧"也不过是画饼充饥。

　　哈佛大学的罗伯特·卡茨（Robert Katz）教授将管理层所需的技能分为三类（见图 0-2），并对此进行以下解释。

　　第一类是**技术技能**（technical skill），也称为业务执行能力或业务知识，总而言之，就是完成实际业务所需的能力。

　　第二类是**人际技能**（human skill），这一能力与沟通、交涉和协调息息相关，也称为人际关系能力。

　　第三类是**概念技能**（conceptual skill），即所谓

12

的概念化能力，这一能力是指拥有预见性与洞察力，可以将信息概念化，并抓住其本质。

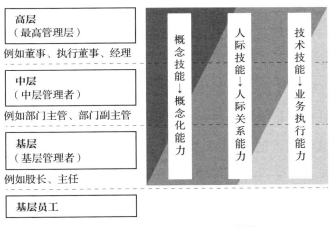

图 0-2　公司各层级所需能力"卡茨模型"

卡茨教授指出，随着职位的不断高升，技术技能的重要性逐渐递减，相对来说，概念技能的重要性逐步增加。为此，面向经理、高管的培训或课程多如牛毛，大多与经营理念、经营规划和目标实现等有关。

然而，尽管人际技能是管理层能力的重中之重，可现状却是没有一个培训或课程以人际技能为主题。即便涉及这些内容，也仅仅是让管理层参加为期一天的培训，之后草草提交培训感想。这么一来，职场内部沟通不畅也就不足为奇了。

除此之外，受工作方式改革与新冠疫情影响，管理层肩上的担子与以往相比更加沉重，可是，在这种艰难的经营环境之中，**公司仍对管理层提出了更高的要求——加强人际技能，以便更好地完成诸如与部下的面谈等工作。**在如此艰难的经营环境下，仅仅强调人际技能的重要性，我认为存在很大的问题。

要想解决职场问题，我们真正需要的是管理层能力的提升，但从目前状况来看，公司并未把管理层放在心上。

从根本上说，其实公司管理层中的许多人才不配位，在大多数情况下，他们之所以得以升至管理层，仅仅是因为公司认可他们过往的成就和实际业务技能。在成为管理者后，不论是否具备管理技能，又是否适应管理者这一身份，他们都没有得到管理层培训的机会。

许多中小型企业的管理层，基本上毫无机会去接触职场改善和培养部下方面的培训。

即便是在大企业，也只有总公司的一部分员工能接受多次培训，在下属的子公司里，情况则与一般中小型企业大同小异。

公司非常热衷于把钱砸进新人培训，或是前文所述的"HR 技术"等新系统，但对管理层培训却漠不关心。在这种情况下，单单引入一个制度，就认为它能自己发挥作用，这简直就是胡闹。

典型例子便是**一对一谈话**（1 on 1 meeting），顾名思义，就是上司和部下之间一对一的谈话。

一对一谈话最初流行于美国硅谷等地，之后也逐渐吸引了日本公司的目光。日本公司认为使用这种手段能有效地促进部下成长，能进一步了解部下内心的苦衷。

然而，虽然这种手段在别处有效，但导入公司之后能否奏效却又另当别论了。周而复始，公司中

不断上演这一幕——"有一个绝好的制度，赶紧导入公司"，如果仅仅如此，失败也就近在眼前了。

有时，会有公司人事负责人自信满满地告诉我："我司已经实施一对一谈话，因此我们正采取适当的措施改善职场内部沟通。"听到他们这样说，我顿时觉得天旋地转，一番仔细询问后发现，他们所做的仅仅是扔出一张工作表，之后勒令各部门的上司与部下每周五必须进行一对一谈话。事实上，没人知道双方是在何种状况下面谈的，更不知道能否真正做到促膝谈心。

据我所闻所见，在许多公司里一对一谈话早就变成了一个空架子。

"你最近有什么问题吗？"上司询问。

"有。在某某事上遇到了困难，但我会竭尽全力做下去。"部下回答。

"是吗？那就请你继续努力工作。"上司鼓励。

极端点儿说，双方就跟搞八股文似的，上述对话每周都来上一遍，说的都是些肉眼可见的表面问题，谁都能看到，部下也压根儿不想吐露内心真实的苦衷，我把这称为"'最近可好'型面谈"。

上司没有能力掌握问题所在，于是部下自然也就无法对上司纳忠效信。最终，双方都觉得谈话本身变成了每周不得不做的苦差事。

对我来说，"'**最近可好**'型面谈"与"'啥都不做'面谈"是一个性质的，除非上司能在面谈中摸清职场问题，并加以解决，不然都是白搭。

比起索性什么都不做，这种"半途而废"的做法更差劲。如果公司因"反正我都行动了，那一切问题都不是问题了"而心安理得，那么职场问题极有可能进一步恶化。

但事情发展至此，并不能将错误赖在我们正在使用的"纸质工作表"或"Excel"上。认为只要公司导入了双人对谈"云系统"，一切问题就能迎刃而解，这一想法大错特错，问题并非出在工具的使用上。

如今，在公司中，晋升管理层已然成为一种"惩罚游戏"，责任增加了，但拿到手的管理层津贴却很少，夹在公司高层与部下之间里外不是人，成日看两边脸色，也难怪年轻人不愿意成为管理者。

本书将为深感苦恼的管理层人士以及正考虑进行管理层培训的公司高层、人力资源部门人员介绍职场问题的解决方法。

受工作方式改革与新冠疫情影响，公司对管理层提出的要求越来越多，缩减工作时间的措施自不必说，此外还要应对因新冠疫情而急速推进的居家办公。然而，缩减工作时间和培训预算会进一步减少管理层本就不多的培训机会。

这就是管理层如果不进行自我提升，就难以在未来"存活下来"的原因。

当下有很多管理者、公司高层及人力资源部门人员积极提升自我，努力解决职场问题，假如本书能提供些许助力，使其收获成果，我会感到很开心。

第 1 章

思考工作方式改革时代的『职场环境』

年轻员工掐点下班与管理层延迟下班的矛盾

▨ 工作方式改革：理想与现实的冲突

自 2019 年 4 月起，日本国内工作方式改革相关规定开始生效，基于此规定，加班时间被扣上"处罚规定附加上限限制"的紧箍咒。

具体来说，规定每月加班时间原则上不得超过 45 小时，即便是在旺季，也不能超过 100 小时（日本中小型企业自 2020 年 4 月开始实施）。

在此之前，加班时间没有法律上的限制，可在此之后，**一旦超过加班时间上限，就很有可能被问责**。

究其根源，电通公司的过劳自杀等事件推动了工作方式改革的法制化进程，长时间工作的恶劣影响已经闹得满城风雨。从这层意义上来讲，我认为引入法律限制加班确实是一件好事。

可现实却并非如此简单，不管三七二十一硬性规定员工"不得加班""严格执行按时下班""没事早回家"或"严格执行带薪休假"的企业随处可见，**目的是符合法规要求。**

这种情况在大公司尤为明显，带薪年假利用率较差的部门，管理层会遭受人力资源部门的严厉斥责。

▨ 减少加班产生的压力全部落在管理层头上

原本，正确顺序应该是"改善工作方法提高生产力→减少加班"，为此，我们应该采取以下措施，诸如"在公司内部共享信息，消除因人而异的工作方式""引进工具，最大化地利用信息技术（Information Technology，IT）和人工智能（Artificial Intelligence，AI），以提高效率"。

然而，继续保持当前的工作方法，又不增加员工，仅仅减少加班时间，会发生什么呢？

毋庸置疑，肯定会产生副作用。最终结果是，由此产生的后果都积压在了管理层和能干多劳者的

肩上，**今时今日，这个问题正切实发生在职场中。**

假设现在有一座办公楼，夜晚从窗内倾泻出丝丝缕缕灯亮，我们去拜访楼内公司，也许会发现留下加班的员工年龄基本都在 30 岁以上。当今时代，已经难以想象出这样的场景——20 多岁的员工孤零零留在办公室默默埋头加班。

年轻员工本应获得更多实际业务经验并且不断提升自己的技能，但他们却早早回家了，而那些已经有了技能傍身的员工负担反倒增加了，这就是推行工作方式改革带来的矛盾。

▨ 不能认为"增加法定节假日便万事大吉"

即便是在众多发达国家中，日本也属于法定节假日数量名列前茅的国家，却出现了"员工不休息导致过劳死"的情况，无论从哪个角度考虑，都很奇怪。

然而，员工的心里话是"大家都休息我才可以休息""大家都在加班，我也只得加班"，这正是所谓的"向右看齐"表现（从众心理）。

最根本的问题在于**从众压力**，即"在众目睽睽之下，很难拉下脸休息""别的同事都起早贪黑，不辞辛劳，我也不好意思偷懒"。

感到疲惫时就停下来适度休息，恢复精力后再重新投入工作，这对任何人而言都是不可或缺的健康管理，现如今却被置之不理，唯精神论之说反而甚嚣尘上——**"管理层应起带头作用，比其他人更加努力工作是一种'美学'"**，那么管理层被压垮就只是时间问题。进一步说，若是过度推崇管理层的带头作用，就再也没有人愿意成为管理者了。

现在需要做的并非不断增加法定节假日，而是扫清职场上的从众压力，让每位员工都能拥有"休息的勇气"。这才是真正的解决对策。

不从根本上解决问题，而以"要改革工作方式，必须先做点儿什么"为由单纯增加法定节假日，是错误的做法，由此产生的不良影响只会波及管理层与能干多劳者。

—

工作时间限制过于苛刻，导致上司无法培养自己的部下

▨ 不断变化的人才教育

以体育为例的话，你们更容易理解，指望一个从不练习的棒球运动员仅通过阅读教科书就成为一流球手，这简直是天方夜谭，实际上，职场中就存在类似情况。

过去，身为管理层的上司仍有富余时间去指导部下工作，这也是导致加班时间延长的因素之一。

上司会将难度更高的工作交予部下，当部下因工作无法顺利推进而烦恼时，上司故意不直接插手，而是随时关注动向，并提醒部下"要不换个更好的方法吧"，于是部下找到更恰当的方法完成工作，从而实现成长。只有通过这种方式，踏踏实实地下功夫，才能有效促进年轻员工的成长。

然而，借助居家办公的普及之势，各公司开始

将在线学习（e-Learning）作为员工教育的手段。说直白点儿，公司希望员工自己提升工作技能，**对于员工而言，"培训"日益成为自己的责任。**

一部分公司把在线学习强加给员工，然后由人力资源部门跟进他们的登录时间与学习进度。当然，在线学习自然有其优势，比如，对于商务人士来说，在掌握通用技能方面，在线学习是个极其方便的工具。可我对于它能否完全取代现场的在职培训（On the Job Training，OJT）持怀疑态度。

在线教育导致通过现场实践掌握独有窍门的培养手段日益减少，因此，培养出一个能在实践中发挥"想象力"，并能做到临场随机应变的部下日益艰难，才是问题的核心。

▨ 最大的问题在于"年轻员工得不到成长"

如前所述，**如今上司亲自指导部下的时间正被不断挤压，他们还要面临公司施加的压力——要求**

减少加班。上司赶鸭子上架，把工作交给部下，出了纰漏也没有时间去跟进，所以不得不给部下分派些但求无功无过的工作，不言而喻，年轻员工自然得不到成长。

另外，**尽可能为年轻员工分派一些"轻而易举就能完成的工作"，导致他们自尊心不断膨胀，产生一种"自己完全胜任这些工作"的错觉**。结果就形成了上司更加不敢给部下分派工作，而部下也无法成长这一恶性循环。

当然，对于公司来说，不能让其管理层继续超负荷地工作，但在现实中，管理层出现心理健康问题的风险正逐步增加。

与此同时，受到新冠疫情影响，**上司与部下之间直接面对面接触的机会越来越少，除此之外，对年轻员工的现场培训也因此耽搁**。

如果继续这样下去，年轻员工的成长也将停滞不前。毫无疑问，在未来的组织内部，这将成为最大的麻烦。

▨ 年轻员工能否在未来"存活下来"

仅从年轻员工不用加班了这一点来看，似乎可以认为职场环境改善了，员工感到更加快乐，但我却深感这一时代于年轻人而言愈加险恶。

在公司高层与管理层中，一部分人哪怕减少自己的闲暇时间，也要教导年轻员工完成工作。**他们担心当公司正式引入 AI 和机器人时，年轻员工能否留下来。**

新冠疫情暴发之前的几年，人才市场是卖方市场，因此相较于所谓的"迷惘的一代"所处的时代，现在公司内部年轻员工数量相对较多。这也就意味着，AI 与机器人的全面引入，极有可能导致公司的主要组成部分——年轻员工过剩，他们很可能最先被公司裁掉。

虽说不是"多加班也无所谓"，可培育新一代的愿望却也是实打实的，公司管理层深陷这种矛盾中。换句话讲，**正是通过大量经验积累，才能掌握**

工作要点，**量变引起质变**。这就是为何我希望年轻
员工能经历更多工作的历练。然而，因工作方式改
革，管理层正苦于无暇教导他们如何工作。

此外，部分公司因受到新冠疫情影响，不得不
引入居家办公制度，直接培训年轻员工的机会也因
此大幅减少，他们所面临的形势愈加严峻。

▨ 工作方式改革的核心方向是"工作电脑化"

迄今为止，日本制造业一直以其"高品质"为
一大卖点，而事实上，从侧面来看，这种高品质却
是通过延长工作时间实现的。

**要耗费许多时间和精力才能做出真正质量上乘
的产品。相反，要是工作时间削减，那么质量下降
不可避免**，这个道理非常简单。

如果工作时间急剧减少，员工可能会得出一个
结论——"偷工减料也无所谓"，据此，我预计日
本企业早晚会丢失其"高品质"的高地。减少加班

与工作质量下降正相关，如果我这么说，大概率会受到这种反驳——"工作方式改革本质上是在短时间内高效率地完成工作，靠加班加点维持工作质量的时代早该结束"。

但我认为，这种反驳是那些以"电脑工作"为核心的人单方面的诡辩。

在人的成长方面，"成长的五阶段"（见图 1-1）可供参考，在此将以五个阶段来说明部下的成长：①知道，②理解，③实行，④完成和⑤分享。

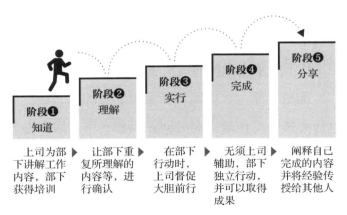

图 1-1　部下"成长的五阶段"

"知道"是获取知识,"理解"则是在获取知识后,消化所得知识,消化完之后,把这些知识落实到行动上,这是"实行"。

我认为,在推动部下成长时,重点在于阶段①至③。换句话讲,仅仅依靠获取、理解知识并不足以完成一项工作,如果不为部下提供实际施展身手的场所和机会,部下就无法成长。

例如,使用机器的人若是不接触机器,就无法掌握使用机器的技术,厨师的成长更是离不开烹饪的练习,可是,**要反复练习这些技术,职场环境不可或缺。并不是所有工作都能在职场之外完成,有些工作需要来自现场的真实感受**。

那些只靠一台电脑就能完成工作的人,当然可以任意选择工作地点和时间,因此,引入居家办公制度对他们毫无影响。

正是那些靠一台电脑就能搞定工作的人推动了这次工作方式改革,导致那些想在现场提升技能的人,或是只会做现场工作的人吃了暗亏。

公司对年轻员工和导入新制度不惜成本，但对管理层一毛不拔

▨ 被公司放养的上司们

"年轻员工加班时间减少，加重了管理层肩上的担子。"

"工作时间管控愈加严格，管理层无暇教导部下工作。"

看着这些现状，想必你也能够理解上司们的艰难处境。尽管如此，公司仍很少为管理层提供支持。

公司对年轻员工和导入新制度不惜成本，但对身居公司要职的管理层一毛不拔。

一般来说，公司会让新员工接受商务礼仪培训，而后续的培训投资则会因公司规模而有所不同。

大公司中，年轻员工时常有机会接受实际业务方面的培训，然而，中小公司往往不会做这方面

的培训，而是侧重于现场的 OJT。**不论公司规模大小，其共同点都是倾力培养年轻员工，而培训管理层是候补选项。**

▨ 管理层的优先级甚至不如系统引入

如前所述，公司还十分热衷于引入系统，"**数据可视化**""**利用 AI 优化效率**"等短语是公司高层们的心头好，当听闻某种工具可以给公司带来效益时，他们往往二话不说就猛扑上去。

数据可视化的典型例子便是基于 HR 技术的激励管理。

利用 AI 优化效率中包含了**会计工作云端化**，例如，提供只要用手机扫描发票，系统就会自动做账之类的云端服务。

若是以这种方式推进效率的提高，我们可以预见，工作时间将大大减少，成本也会随之下降，所以也能明白高层急切的心情。

对于各公司来说，会计准则通用，会计工作并无太大差别，毫无疑问，会计系统化之后只会有益而无害。无论是由人类还是由 AI 来处理，其结果都一样，那么，引入更快、更可靠的 AI 也就说得通了。

但是，"部下的失败"没有放之四海而皆准的分类方式。虽说都是"失败"，但"背水一战后的失败"和"重蹈覆辙导致的失败"所得的评价迥然不同。而 AI 系统难以判断两者之间的区别。

上司的职责是在适当地评估状况后，向公司报告并分享所得信息，如果上司无法承担这个职责，整个公司就将停滞不前。

如前所述，上司的工作做起来谈何容易。可是，公司为何要小瞧这份工作？

就在不久前，人事业内掀起一股"青色组织"（Teal Organization，这一词源自《重塑组织：进化型组织的创建之道》）热潮，简单来讲，在青色组织内人们不必遵循上司指令做事，凭自我意愿决定，从事适合自己的工作。

《重塑组织：进化型组织的创建之道》一书一经问世便吸引了众人目光，日本也开办了各类以青色组织为题的研讨会和学习会。

若是所有员工都能自发行动，发奋学习，渴望改善职场，并能达成自己设定的目标，那么青色组织就将成为现实。但是，**日本职场真的到了实现这一理想状况的时机吗？我对此非常怀疑。如若不能做到每位员工都独立自主，实现青色组织之说也只是无稽之谈。**

我曾在不同公司中与1200多位员工面谈过，发现各公司中不同员工所具备的"常识"不同。日本职场的实际情况应从对齐最基本的常识开始做起。要是无法理解这一点，没头没脑地把"提高生产力"或"单纯引入制度与系统"置于优先位置，那就是本末倒置。

公司应该支持自家管理层，以让职场全体人员形成共识。

公司进行的拍脑袋式改善才是症结所在

▦ 开会也找不出问题的根源

从公司的角度来看，它们也愿意解决职场问题。

公司尝试定期查找问题，并启动业务改善机制。最具代表性的方法是，在会议上工作团队成员集思广益，指出问题。通常是工作团队成员把问题写在白板或便签上，然后琢磨接下来的改善对策。

然而当上司或管理部门的人员在场时，员工必然不会指出"真正的问题"。但如果员工在会议期间一直沉默不语，就会被公司视为"缺乏干劲儿的人"。于是多数员工就会拿出"无关痛痒的问题"来应付公司，然后大家一起讨论如何解决这些无关痛痒的问题，并着手实施。总而言之，职场基本上毫无变化。

由公司牵头发起的改善，问题在于公司旨在全面优化，却不顾实际环境如何。

比如，在某些场合中存在这种问题——"因为

某位领导不拍板定案，所以决策没有通过，工作都
因此停滞不前了"。职场中或多或少都存在着类似
的人为问题。

但在会议上，大伙儿聚在一起集思广益时，却
无人站出来指出"问题的关键在于某位领导不立即
拍板定案"，这是由于大家都明白这位领导容不得
他人打脸。正因如此，由公司牵头发起的职场改善
压根儿无法触及人为问题，无论制定什么对策，都
是浮于表面。事实上，公司所实施的改善对策大部
分都是"权宜之计"。这种职场改善最终带来的结
果便是"总觉得改善寸步难行"或"改善计划不知
不觉间胎死腹中"。

甚至还有更糟糕的例子——"上司与部下之间
的交流仅仅是打个招呼"。

有些公司的高层信誓旦旦地跟我说"我司每天
都在积极沟通"，可是，一旦调查起来就会发现这
只是上司自顾自地与部下搭话而已，基本上和闲聊
差不多。

不知为何，有些人误以为"大声说话＝交流"，只靠这个哪能得到职场改善啊。

归根结底，没人相信公司会改变，公司里也就高层和管理部门铆着劲"瞎折腾"。公司发起的职场改善往往也就实施两三个月，最终竹篮打水一场空，这种情况在公司里周而复始。

▨ 也存在真正想变革的人

诚然，有许多上司知道职场的"病根"，并为此心急如焚。然而，在组织中，**有一些上司会打小算盘，即使自己试图改变，也注定会因为"少数服从多数原则"而失败。**

我常常遇见一些人，他们在现场一线摸爬滚打过，现在拼命奋战于总公司人力资源部等部门，他们开口第一句往往便是诉苦，"我们清楚必须做出一些改善，可是心有余而力不足"，并且**深感烦恼，无法指出职场的"病根"**（见图 1-2）。

我们注重公司内部沟通，态度诚恳地听取现场意见，并迅速回应改善建议

公司高层

虽说知道问题出在何处，但能做的事却极其有限。我们因为"少数服从多数原则"而失败，也不能告诉公司高层

上司

在会议上，对上司相关问题和个人事务方面，难以提出自己的意见。由于会议中不能一声不吭，就只好说些无关痛痒的事应付一下

部下/员工

图 1-2 "病根"潜在化

在他们之中，有些人盼望着如我这样的外部顾问参与其中。

"若是外部顾问参与进来也没法解决问题，那么我可不想把大好年华浪费在这里，只好放弃这家公司，跳槽到别处。"

"如果大桥先生要动真格的，我会下定决心和你打开天窗说亮话。"

然而，有这种觉悟的人寥寥无几。

以本人经验来说，确实有管理层从内心深处想要改变公司，在本书中，我希望能为这些寻求改变的人提供能够实际运用的建议。

小　结

- 让管理层承担工作，以此减少加班是个错误。单单让员工"快点儿回家去"，只会使管理层成为牺牲品。
- 受工作方式改革的影响，上司无暇培育部下，因而部下得不到成长。并非所有工作都能在电脑上完成。
- 成为上司便意味着，在实际业务之外，还要承担培育部下等新增任务，但上司得到培训的机会几乎为零。
- 开会也只是抛出些无关痛痒的问题，但也有人怀揣一颗真心，希望解决问题。关键点在于，引导员工吐露心声，并做出应时对景的改善，而非采用时下流行的方法，进行拍脑袋式改善。

职场内部信息沟通不畅
「难以察觉」的原因何在

第2章

部下揣摩上司，上司揣摩公司

为什么部下都怀揣着小心思呢？

为何职场环境迟迟得不到改善，甚至恶化下去？在本章中，我希望向下深挖其原因。

第一个原因是部下总在揣摩上司，而对于这一事实，上司自己并未察觉到。

自己是他人部下的时候，也曾不向上司吐露心声，为何有些人成为上司后会因"部下不向自己吐露心声"而感到不满？

上司若是想要引导部下吐露心声，需要掌握强化信赖关系的技能，觉得部下理所当然要向自己吐露心声的想法非常可笑。

▩ 最大的难关："打小报告文化""枪打出风头文化"

为什么部下要揣摩上司呢？

日本独特的文化——"打小报告"和"枪打出

风头"便是其症结**，事实上，说这两点是职场上最大的问题也不为过。

"打小报告"是指告密揭发别人，同时也成了告密者的代号。在日本，对于背着同事和上级说悄悄话这一行为，人们往往是持反对态度的。无论是背地里说别人坏话，还是告发别人的不正当行为，都被归类为"打小报告"。

即使和上司私下里谈论职场中理应改正的问题，也会被同事视为打小报告。这样一来，极有可能导致职场人际关系十分紧张，弄得工作更加难以开展。一想到此，许多人就会对与上司谈话一事犹豫不决，最终导致大家对问题视而不见、听而不闻。

即使部下鼓起勇气，下定决心和上司探讨问题，也还有一个"枪打出风头"的障碍在等着他去突破。"出风头"是指抢先他人，自己先行做事。无论内容好坏，这一点都被视为职场禁忌行为。

**甭管是谁，如若想和上级谈谈公司的问题，都会遭受大家非议——"别自己一个人装蒜",这种风气直接导致了目前职场中的信息沟通不畅。

从我至今所见到的事例来看,即使公司走到了时代潮流的前头,内部仍旧存在"打小报告文化"和"枪打出风头文化"。如果公司中"打小报告文化"和"枪打出风头文化"肆意横行,那么无论进行怎样的"报联商"(报告、联络、商谈)培训,都不会有收获。

优秀的部下可以准确把握职场问题,可他们也知道,一旦自己指出问题,就会变成同事的眼中钉,正因如此,即使上司说"有什么问题尽管说出来",他们也什么都不说。

因此上司必须认真解读这种部下的心理。

通过日常报告和公司内部社交网络能否看清职场问题

▨ 日常报告管用的地方只有两个

虽然有公司尝试通过日常报告和公司内部 SNS

（Social Networking Site，社交网络）共享职场问题，但这种方法在大部分公司中发挥不了作用。多数情况下，日常报告都只是复制、粘贴的产物。

我认为，**日常报告的作用主要是"工作改善"与"成本计算"**。现实中也确确实实存在利用日常报告促进工作改善的例子。此外，如果通过日常报告就能够掌握员工的工作时间，便可以基于员工的时薪计算出生产产品所需的人工费，也就能算出成本。

反过来说，日常报告所能发挥的作用也仅此两个。即使可以在日常报告里写工作相关问题，与人相关联的问题也是禁忌。这与在讨论会议中找不出问题根源如出一辙。

认为在公司内部 SNS 上能畅所欲言、共享信息，其实同样是错误认知。

之所以这么说，**是因为在公司内部 SNS 上交流都会留下痕迹。知道会留下痕迹，还特地写下问题的员工究竟有多少呢？**

引入公司内部 SNS 的弊端显而易见。

在我所知的一个案例中，一位上司在公司内部 SNS 上和自己顶头上司沟通起来可谓是低三下四，可对自己的部下却是颐指气使。被 "可视化" 的是依然如故的纵向关系[⊖]，真是一个令人哭笑不得的结果。

另外，当公司从内部 SNS 中删除某个员工的名字时，其他部门的员工会立刻知道 "×× 部门里的 ×× 似乎离职了"，一时间人尽皆知。而这种情况下，**被 "可视化" 的就是离职率的高低**。这种种因素结合起来，公司内部气氛恶化是理所当然的。

▓ 应把公司内部 SNS 专门用于联络

要是引入公司内部 SNS，应把它用作必要事项联络的一种手段，我认为这是最佳的用法。如果单

⊖ 指从上到下的等级关系。——译者注

纯将公司内部 SNS 视为一种联络手段，那么它确实方便实用，远比使用电子邮件联络更有效率。

如果想把它用在解决人与人之间的问题上，必然会出乱子。

顺便提一句，也有人主张："即便公司内部 SNS 不能直接解决问题，可至少有利于带动沟通。"具体点儿说，就是尝试互相报告自己正着手研究什么事，公司里又发生了哪些小事，从而取得彼此之间的理解。

不过这说到底只是字面上的"闲聊"，事实上，有些人觉得"有这闲工夫唠嗑，还不如工作"，对这部分人来说，陪着闲聊也将成为义务。要是不加入闲聊，就会被打上烙印——此人消极应对公司内部制度，甚至连人事考核结果都将受到影响，因此只好一个劲儿地瞎扯。结果就是，为了这所谓的闲聊而耽误了工作，这不就是本末倒置吗？

▨ 公司内部 SNS 干扰考核的事例

每个人见解不同，在公司内部 SNS 上稍稍闲聊一会儿在允许范围之内，可在其中也引发过严重情况。

有的公司采用通过公司内部 SNS 互相评分这一机制，简而言之，这种机制就是把"点赞"与评分挂钩，如**"你的那个工作完成得真棒"**，评分将会用于人事考核，甚至还影响奖金的核定。一不小心，与工作成果关系不大的要素反而会得到高度评价，如"在准备展示会时，某人帮我拿了很重的东西""某人的笑容一直那么棒"等，考核不断往奇怪的方向走去，渐渐偏离原本的业务。**过于投入工作、不在内部 SNS 上发言的人最终可能会被评估为"对公司参与度低"，导致他们工作起来没什么动力**。虽说如此，装作充满干劲儿的样子，在内部 SNS 上一直积极发言其实也是个苦差事。无论是日常报告，还是公司内部 SNS，都与职场问题的解决之道风马牛不相及。

上司背下所有黑锅

▨ 部下过于强势的问题

有一种考核方法名为"**360 度考核**"，这种人事考核方法是从上司、部下、同级人员等多方视角去评估被考核者。其公认的优点在于考核起来更加公平公正，许多公司采用这种考核方式。

然而，也有人指出 360 度考核存在缺陷。在上司与部下间，部下可比上司多得多，要是运用人气投票的形式，恐怕上司的绩效就有降低的风险。

此外，**如果一位上司被部下讨厌，又过于在意绩效下降，那么他极有可能在指导部下这件事上更加提心吊胆。**

在我亲身经历的事例中，有些**管理者明明得到了上级的好评，可就是升不了职**，上级去人力资源部门确认此事，发现原来是因为在 360 度考核中**这**

位管理者从部下那边得到的评价不理想。

实际工作中，这位管理者的指导方式有可能存在问题，但是单纯以部下的好恶来考核，就极有可能只能收获差评。

这种"部下过于强势"的状况与职场环境恶化息息相关。

▓ 公司董事带来的噩梦：现场意见听取会

我曾从客户公司的区域经理那儿听来一则逸闻。

这家公司是一家大企业，在全国拥有多家店铺，在一线工作的员工占两成，兼职员工占八成。

为推进公司整体改进工作，公司老板和董事打算亲自走访店铺，就店里的销售额如何、顾客相关事宜还有区域经理与店长（管理层）的工作态度如何，面对面询问员工和兼职员工。特别是区域经理与店长的工作态度，这可是众多问题里的重点。

公司老板和董事专程前往门店，与一线员工谈话，"完全没有必要反对。重视一线，这不是很好吗"，估计这么想的人不在少数。

可是，**现场意见听取会似乎完全变成了管理层问题控诉大会。**

深入思考一下就能明白，员工脑中会冒出这种想法：**既然老板和董事专程前来走访，那么我非得报告一些问题才行。** 对于管理层来说，如果把问题都归咎于老板和董事，自己就会失去立足之地，但要是自己扛下错误，风险又太高了。

因此，**要是老板和董事为了改善公司工作前去一线谈话，管理层就成了员工宣泄不满的出气筒。从某种意义上来讲，现场意见听取会变成管理层控诉大会在所难免。** 因为没有人敢站出来质疑老板："你的经营方式有问题！"

"要是不报告点儿问题，就会被认为平日里缺乏干劲儿"，员工承受着这种压力，**就会把最好说话的管理层拿来做挡箭牌。**

在这家公司工作的数位兼职员工似乎和高层说

"我们店的区域经理最近完全不来店里，我们很担心他没有好好照看这家店"，不仅如此，似乎还说"店长一直以来光考虑销售额，对卫生管理敷衍了事，之前期望改善的地方也完全没有变化"。

结果便是老板把这位区域经理叫出去，劈头盖脸骂一顿。然而区域经理也是事出有因，因而满腔不平。

这位区域经理最近没去这家店是因为其他管辖的店铺里人手不足，去那边帮忙了。另外，关于店铺卫生管理方面，通过面谈制订了改善计划，也再三指导店长如何做了。尽管满腹委屈，可老板并不听这些说辞："负责的区域里出现问题，理应你这个身为管理者的区域经理负全责。"

据讲述这则逸闻的区域经理所说，被责骂的区域经理无法忍受这无端指责，最后遗憾地辞职了。

▨ 管理层丧失进取心

如同这样，**职场上出现的问题往往都让上司**

"背锅"了。从正在一线奋斗的上司的角度来看，他们或许难以忍受公司高层的刁难，"自己拼了老命在一线干，上头只会给一些不合情理的高指标，对解决问题也丝毫没有给予援助，最后自己还被斥责，换了谁都无法接受。而且，管理层职位也没有多拿多少津贴啊"。

于是，管理层的进取心逐渐消失，对公司的关心逐渐变少，希望改善的人也越来越少。

比起最新管理秘诀，现在正是考虑"报联商"的时机

▨ 意见箱沦为"告密箱"

有些公司采用"意见箱"这种手段来广泛收集职场问题。

意见箱的原理是让人匿名写出改善方案和意见，不仅仅是如字面意思那般，把意见投到与邮箱类似的箱子里，还可以通过电子邮件和云系统发

送信息，有些情况下，公司老板会直接查看这些信息。

在我看来，这种意见箱的运作方式发挥不了多大作用。为何这么说呢？如前所述，"打小报告文化"是职场问题根源之一。

意见箱最终只会沦为"告密箱"，某些员工会沦为公司里的众矢之的。

"意见"中提到的员工也会渐渐察觉到自己成了意见箱里的攻击目标，转过头又把不愉快的情绪通过"告密箱"发泄到其他员工身上，**打小报告混战最后愈演愈烈**。

要是被人当面指出自己的错误，尚且能接受，被人匿名指责则有些接受不了，我想各位读者同样能够理解这种心情。

因此，**如果真想让意见箱发挥应有的作用，最起码应规定实名制**。另外，公司还必须确保投书人不会从中牟利。

此外，意见箱最好能有一种机制，要求投书

——

人提供其所依据的数据与资料等材料。通过以上方法，在某种程度上可以避免信口开河式的"打小报告混战"。

▨ 为何在公司内部不能自由发言

为何一线工作实际状态调查采用类似于意见箱的方式？我们来探讨这个问题。

公司渴望获得意见，即使匿名也可以。这是因为，在会议等公开场合上，没有人发表意见。

举个例子，各位是否遇到过这种情况：在会议前先撂下一句"可以自由阐述自己的意见"，可对指出职场有什么问题的员工，却给出以下反应：

"我知道你有所不满，那你能否交出不同的方案？只是提反对意见的话，谁都能提，不是吗？"

身处职场，时常能够听见这类话："没有不同方案就别随意发表自己的意见。"**拿不出不同方案就得闭嘴，在这种环境下人们在公司中逐渐失去言论自由。**

"自己拿不出大家都能接受的不同方案，即使内心对公司实施的方案有疑问，也得闭嘴随大流。"如果带有这种想法的人多起来，那么所有的职场问题都将没入水面之下。

▓ 尝试再次考虑"报联商"吧

基于以上内容，在此可以做一个假设，相较于引入匿名形式的意见箱，倒不如创造一个让员工有安全感的环境，让他们即使没有不同方案也可以指出问题，这样解决起职场问题反而更轻松一些。

虽说如此，但想要畅所欲言谈何容易，无论线下还是线上。正如我数次说到的，如果你想要公开发言，就得做好丢饭碗的准备。

过去，职场交流建立在"报联商"这一基础之上，众所周知，"报联商"即"报告""联络""商谈"。

可不知从何时起，渐渐掀起了一股风潮，线上共享信息取代了"报联商"的地位。我周围也有公

—

司高层说:"'报联商'的时代早就过去了。"

这种高层热衷于高效率,因此很有可能意识不到交流在职场里有多么重要,于是,上司身处的环境难以保证与部下"报联商"的时间。

我已经多次强调,认为仅仅设置个云系统,就可以共享公司里的重要信息,这无异于痴心妄想。看到此处,我希望各位再一次把目光投向"报联商"。

上司与部下通过"报联商"可以有效共享信息,我认为这是询问职场问题最恰当的方式。切实把握问题的关键,才能对症下药。

如果你现在特地为了"报联商",而安排机会和部下面谈,但是感觉白费劲或是效果不理想,在这种情况下,并非面谈本身不中用,而是面谈方式出了问题。诚然,我们要不断找寻新方法,但并非就是说"'报联商'已经被淘汰了"等。当下还在使用的"报联商"方法,还有什么其他好处?我希望各位试着思考一下(见图 2-1)。

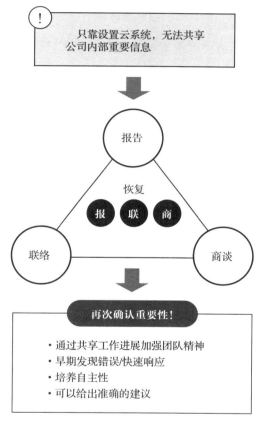

图 2-1　职场交流的基础是"报联商"

　　在下一章中，我希望大家思考一下，**在与部下面对面交流时，上司如何从部下那里获得信息。**

———————— **小 结** ————————

- 日本独特的"打小报告文化"与"枪打出风头文化"在日本根深蒂固，正因为此，部下会揣摩上司。这也导致上司和公司渐渐看不到一线存在的问题。

- 即使使用日常报告和公司内部社交网络，员工也会因为不想成为"告密者"、不想"出风头"，而绝口不提真正的烦恼并协商。要是强制推进公司内部SNS 的使用，导致公司内形成一种风气，只会让众人评价没意义的事。

- 部下对公司不满，公司对上司管理部下的方式不满，上司夹在中间"腹背受敌"。公司把不合理的要求强加给上司，结果便是上司成了"背锅"的最佳人选。

- 意见箱沦为"告密箱"，最终可能会演变成打小报告混战。如果公司的风气是没有不同方案就不能发表意见，那么部下就会渐渐不再发言。让"报联商"正常运作，职场环境才能得到改善。

第 3 章

步骤 ❶

任何人都可以做到！
职场问题『探听』术

—

1. 理念共享法

▨ 不理解"为何这么做"

究竟该怎样做才能掌握职场问题？

当下越来越多的企业引入云系统并希望以此解决职场问题，然而就如本书前文所述，这个方法只能触及表面问题。

因此我想在本章为大家介绍了解职场问题的具体技巧。

首先是"理念共享法"。

对于公司提出的对策，部下往往持消极态度，原因在于**"不理解公司为何这么做"**。

由于不理解，员工就会产生逆反心理："明明都这么忙了，为什么还必须做这些事""感觉不到这么做的必要性，提不起干劲儿"。

典型例子便是引入一对一谈话。经常有这种情况：在部下尚未理解谈话的意义的情况下，上司就开始按照公司指示和部下们面谈，于是经常出现"实在是没什么好说的"这种场面，白白耗费了时间。

▦ 事先告知目的与目标

不仅限于面谈，还有会议和培训，都应事先告知目的与目标，这一点十分重要（见图 3-1）。**特别是平日里缺少交流的上司和部下，更加应该分享彼此的理念**。

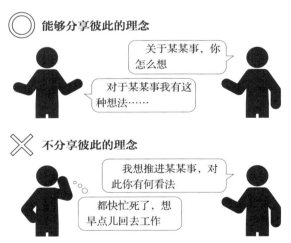

图 3-1　事先告知会议和培训的目的与目标

　　要领是在进行面谈的**数小时或数日前告知**部下面谈的目的与目标，而非面谈开始后才告知。上司要事先告知部下："面谈的目的是什么，我期望达到什么目标，关于此事我希望你在面谈之前先思考一番。"

　　这时候，最好用"**口头＋电子邮件**"告知对方。要是单单使用电子邮件，没法传达某些细节上的内容，可能造成彼此理解不充分，对目的与目标的认识产生偏差。

　　另外，如果仅仅口头告知，就可能陷入"没跟我说过啊""不是吧，肯定通知过你"这样的争论。因此，使用口头与电子邮件两种方式事先告知对方，可以将风险降至最低。

▨ 只要正确传达目的就能获得部下的配合

　　让我们从具体例子开始思考！

　　假设一下，问题是加班过多。仅仅通知"快回家去"，基本上减少不了加班。**需要对"加班**

为何增多"这一问题追根溯源，充分分析并加以改善。

有些上司这样通知部下面谈："我想和你谈谈减少加班这件事。"

这么一来，大部分部下都会做出如下反应："现在工作堆积如山，哪里还有时间做什么改善。非说不可的话，能不能增加团队人员呢？"

以这种方式商量减少加班的话，会有很多人表现出自己很忙。被约谈的人极有可能担心，如果不表现出自己有多忙碌，也许会被其他人怀疑自己在独享清闲。

因此，在这种情况下，**有必要事先讲明面谈的目的并非人事考核**。

"此次面谈的目的是减少加班、掌握业务量，并不是人事考核。所以我希望你在面谈之前，用 30 分钟写出一天的活动。"

预先明确告知目的，之后再进行面谈！

要　点

公司单方面认为人事考核、面谈和培训等政策措施有益无害，大多不会告知员工这些政策的目的。而且，即使召集全体人员公布政策的目的，往往也说得云里雾里。在真正要紧的事上，如若不一对一告知，就没法让人深入理解。反过来说，如果令大家完全领会政策目的，就能调动不少员工的积极性付诸行动。

2. 公司内部提前打招呼法

▨ 不提前打招呼就面谈会让部下产生"任人宰割感"

你是否采用过突袭式的方式与部下面谈？诸如"现在可以去谈谈话吗""你30分钟后有空吗？我有事想和你谈谈"。出乎意料的是，在我所知道的企业中，有不少上司就是以这种方式与部下进入面谈的。

可如果站在对方的角度来看，就能明白这样做不好。

甭管是谁，都讨厌在工作期间因其他事情不得不中断手上的活儿。认为对方是部下，所以理应配合上司的时间，这种想法太傲慢。

不事先打招呼就开始面谈，部下自然会觉得"被盯上了""又来找麻烦了"，于是带着这种消极情绪进入面谈。

这么一来，还怎么能进行有益沟通呢？**结果就是净说些没营养的车轱辘话，弄得面谈草草收场**。

所以，越是要在面谈中说要紧的事时，就越应提前跟部下打好招呼。

上司这一方提出"想谈谈话"，那么先跟部下打个招呼才合情合理，这与预约客户协商道理相同。

"就某某目的我想与你谈谈，可否告诉我方便的时间与地点？"

类似这样，**礼貌地和对方打招呼之后再面谈吧！** 如若可以，最理想的方式是在公司内部的告示板和日程程序上事先分享预约信息。

▒ 一对一面谈是基本原则

面谈的基本原则是一对一交流。

如第 1 章里说的，大家在一起集思广益，想找出职场里的问题时，无论如何讨论，自始至终都是说些无关痛痒的内容。总体而言，光说些"容易说出口的问题"，或者说，触及本质的问题往往都很难摆在台面上。

众目睽睽之下，基本上难以开口说出职场的"真正问题"，要想听到真心话，最好分别安排时间与部下单独面谈。

另外关于面谈的时间，最理想的是有固定的时间，定期进行面谈。

先设定好时间，比如"每周五下午三点"等，再根据双方情况随机应变。这么做的话，有利于制订工作计划，彼此配合起来也将更顺心。

在面谈之中了解问题的关键在于上司与部下的

信赖关系。半年或一年面谈一次，仅仅在人事考核到来时进行面谈，不足以建立信赖关系。

▒ 单纯增加面谈次数

虽说这已是老生常谈，但在销售领域有个定律叫**"纯粹接触效应"（曝光效应）**[⊖]。这一定律是指即使单纯增加接触次数，对方的戒备心也会随之降低，并能提升好感度。

顺着这个思路来思考，哪怕每周十分钟也好，设置定期面谈并事先达成共识，确实有助于构建信赖关系。

最近，随着居家办公不断普及，许多人越来越适应居家办公了吧？销售等岗位经常外出，**不方便在公司里进行面谈，通过互联网（Zoom 和 Skype 等应用）与对方面谈是个不错的选择。单纯使用电子邮件和聊天软件等传输文字信息，难以将微妙的语气与感情传达给对方，可以说这种方式不足以作**

⊖ 提出者扎荣茨（Zajonc）。——译者注

为交流的手段（见图 3-2）。

因此我们可以利用电脑和智能手机进行线上面谈。

- 进行一对一面谈
- 必须在面谈前打好招呼
- 比起用电子邮件和聊天软件传输文字信息，尽量使用Zoom和Skype进行面对面交谈
- 哪怕只有数分钟也好，增加面谈次数

图 3-2　摸清对方心声的面谈秘诀

现今时代，不论身处何处，只要带着一部智能手机就能联络沟通。不论天南海北，都能实现面谈。

归根结底，构建信赖关系至关重要的还是面对面谈话。请各位务必尝试与对方面对面谈话。

要　点

如果上司主动提出想要面谈，那么就应该与部下打招呼，这样做有助于建立信赖关系。总让部下担忧上司"又来找麻烦了"，在这样的环境中，根本无法进行有益的沟通。只有进行一对一面谈，部下才会吐露心声。从增加接触次数开始，以此构建起能够吐露心声的信赖关系。

3. 去酒精法

▨ 关照没法参加酒局的人

有些上年纪的上司铁了心认为："在居酒屋中促膝长谈，更容易酒后吐真言。"

在年轻的时候，他们参加了许多酒局，于是"居酒屋＝一吐为快的地方"这一观念扎根于他们的头脑中。

然而，**面谈基本上来说应该在去酒精的环境中进行**。

特别是当下，越来越多的员工上有老下有小，都需要他去照顾，即使有些员工本身是好喝酒之人，也不能抽出时间去喝酒。

此外，如制造业与建筑业等行业，曾经被称为"男人的职场"，但现在这些行业中，女性员工的数量正不断增加。在制造业等行业，有些工厂里女性比男性多。检查与检点物品等工作，由于不是什么力气活，女性得以积极地参与其中。

以尊重这种多样性的时代为背景去思考，继续"居酒屋会议"就不太说得过去了。说到底，还是要在工作时间内找个无酒精的环境**公平公正地创造面谈机会**。

具体来讲，就是在会议室等场所面谈，或是以午餐会议的形式，当然是公司报销午餐费啦。

▨ 喜欢酒局的年轻人不在少数

除面谈外，是否可以组织联谊会类的酒局呢？

时常有人询问我这一问题，答案是"可以"。

印象中年轻人对公司酒局一般是敬而远之，有人认为："反正年轻人厌烦酒局，完全没必要费钱费时办酒局。"

可是也不能一概而论，**从我对各企业不同人员的采访与各调查统计来看，对酒局"持积极态度的**

人"与"持消极态度的人"在数量上旗鼓相当。

确实有人认为办了酒局"职场才充满温暖"，要是不办酒局的话，"总觉得公司没有人情味"。

作为上司，已经看透职场冷暖，但如果感觉众人对办酒局一事情绪高涨，也可以试着创造机会满足大家的愿望。

此时有两个要领需要掌握：一个是**遵循自愿原则参加酒局**，另一个则是**由顶头上司发起酒局**。要是由公司牵头办酒局，强制力就会增强，会令员工备感压力，如"必须聆听老板发言""必须做些俏皮事活跃气氛"。然而，如果是由顶头上司这一类人牵头办酒局，可以营造出更容易融入其中的气氛。

不推荐各位过于频繁地举办联谊会，但也不是说一棍子"打死"所有联谊会或酒局。

▨ 只与特定的部下去喝酒是禁忌

有少数上司只和自己赏识的特定部下频繁去喝酒，我不推荐各位这么做。

这是因为，一旦上司"偏爱"特定的某一位部下这种事传到其他员工耳朵里，就会助长不安的蔓延，大家会担心人事考核是否公平，又是否能够平等地给予所有人在职培训（OJT）等培训机会。

在结束了一天的工作后，想邀请合得来的部下去喝一杯犒劳一下自己，上司的这种想法确实可以理解，可是**身为上司理应避嫌，要避免只关照特定的某位部下**。经常被邀去喝一杯的人能够与上司进行积极的交流，而其他人则成了局外人，被打入"冷宫"。这样持续下去的话，将会严重恶化职场氛围（见图3-3）。

一对一面谈
·在工作时间内进行
·不喝酒
·午餐会议同样是个好选择

酒局
·自愿参加
·顶头上司牵头
·不能只邀请特定的部下

图3-3　一对一面谈与酒局

要　点

公司内部交流彻底去酒精化是基本要求。想转换为与平日不同的氛围时，可以采用午餐会议的形式。

然而，也有相当多的员工想去喝一杯，但切忌只和某位特定的部下去喝酒，要创造机会让所有部下平等参加，并遵循自愿参与原则。

4. 上司闭嘴法

▨ 自说自话的上司

精明能干的上司往往有一个共同点，喜欢自顾自地对部下啰唆一大堆。采访中我时常听到有人这样说："上司只要一开口，就会滔滔不绝，我根本插不上嘴。"

好不容易面谈一次，可上司自顾自地说话，不听部下讲话，部下几乎说不了几句话，这不就本末倒置了吗？对于这么健谈的上司，我会建议他注意以下这点：

"**总之，请先闭上你的嘴，不必在意指导与倾听之类的麻烦事**。首要任务是竖起你的耳朵，默默倾听部下讲话"（见图 3-4 ）。

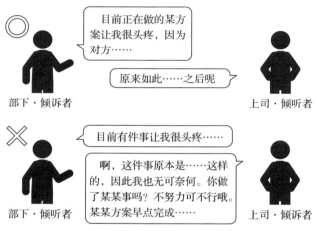

图 3-4　比起"倾诉者"，上司更应成为"倾听者"

为何精明能干的上司喜欢喋喋不休呢？通过探寻我发现了原因，**那就是在部下讲话讲到一半时，"上司自己先行找到了结论"**。在部下讲话这一过程中，有能耐的上司很快会明白"部下为何而烦恼""怎么做才能解决此事"，正因为精明能干，所以答案可以立马浮现在他们的脑海中。

之后，上司想快点儿把得出的结论告诉部下，无法抑制想说出结论的冲动，出于好心，就这么脱口而出了。

"啊……原来如此啊，你烦恼的是这件事，如果是这件事，问题在于……，只要……不就好了吗？"

有能耐的上司所得出的也许是正确的结论，可问题在于，**部下只想和上司谈谈自己的烦恼，却感觉上司自顾自地把结论强加于自己。**

"这位上司根本不听我说话。"

这么一来，最终遭受损害的就是信赖关系。

▨ 上司只需成为"提问机器"

举个例子，有位有能耐的上司在对外协商时，会礼貌地询问客户有何需求并提出建议，换句话说，他具备倾听能力，但是每当遇到部下的事情，他就变得极不耐烦。

部下，特别是年轻员工，与上司提供解决办法相比，他们更希望上司倾听自己的情况。 上司如果不好好倾听，直接甩出答案，就会导致部下产生不满情绪。

因此，我认为把部下当成客户，不失为一个好选择。一想到双方关系是上司与部下，总感觉是在与"自己人"谈话，倾听时就变得极不耐烦。

然而仔细思考一下就会发现，让部下心情舒畅地工作，并取得成果，这与上司自身的利益密不可分，公司对上司绩效的评判中就包含了部下的绩效。因此，要是能将部下当作客户来对待，沉默的作用力就会开始显现。

不管怎么说，上司首先应将倾听者这一角色扮演到底，这一点尤为重要。

极端地讲，上司只需持续输出问题就行了。可以尝试等部下发言完毕，故意抛出诸如"为什么觉得是……呢"等问题回应对方。或是类似于"……是指什么呢"的问题，只要鹦鹉学舌一般回应对方就可以了。

由于有能耐的上司总是希望倾听、指导部下，让他单纯作为一个旁听者，他会感到非常难受，甚至对职场改善工作持消极态度。但是与部下面谈时，请谨记沉默是金。还有，我们会觉得面谈中的沉默时间过得很慢，可实际时间的流逝其实并没有那么慢，我建议把沉默时间拉得比你感受到的时间再长一点儿。

与异性约会时，自说自话的人大概率会被甩掉，职场面谈与此一样。无论怎样，把寻求理解对方一言一行的态度放在第一位，这一点请各位不要忘记。

要　点

往往越能干的上司越容易自说自话。这是因为他们能即刻找出方法解决令部下烦恼的问题。不必在意指导与倾听之类的麻烦事，上司只需提问，把沉默是金贯彻到底。面谈时请记住这一点：对于部下而言，他们既有解决问题的需求，又希望有人可以倾听他们的烦恼。

5. 面谈不限时间法

▨ 需要花时间和部下面谈

解决职场问题要花费一定的时间和精力。**如果吝惜时间和精力，光想着提高效率，结局便是产生新问题，还留不住人**，甚至可能要耗费额外的时间才能真正解决问题。

要是当真想解决问题，就请做好慢工出细活的心理准备。

在倾听部下心声时，特地不设时间限制反而效果出奇地好。

现在大家的共识是"会议和面谈需要在规定时间内得出一定的结论"。

诚然，在工作方式改革推进过程中，大家都在谋求交流效率化。可事实是，过分追求效率化会产生负作用，也就是把部下的话当耳边风。

如果把面谈时间设为 15 分钟或 30 分钟，面谈往往容易流于表面。这是因为一旦限制面谈时间，就没有时间去思考，也没有时间在面谈主题之外和对方聊些有用的家常话。事实上，**这种家长里短的闲聊里隐藏着许多部下的烦恼与改善的线索。**

▦ 花些时间梳理问题

我在面对客户员工和设计人事考核制度时，特别是进行重要面谈时，不会特意设下时间限制，而是直到听完最后一句话为止。

"一般来说时间为 90 分钟，但是有可能更久一些，您后续的工作安排能调整吧？"根据需要，我会在面谈前事先如此告知客户或员工。在面谈过程中需要不断梳理员工的想法，并安排任务与提供意见，这会导致面谈时间延长。

很少有部下能够在面谈一开始就井井有条地整理好问题。他们往往是在上司从不同角度抛出疑问时认识到问题并整理成语句表达出来。

最近人们对"倾听能力""提问能力"这两个技

能兴致勃勃，市场上有许许多多以"倾听能力""提问能力"为主题的书，提升这些技能非常重要。但即使拥有一定的"倾听能力"与"提问能力"，在短短15分钟的规定时间内引导部下吐露心声也并不容易。

一旦设定时间限制，就会满脑子想着"必须在规定时间内结束谈话"，这样一来，将无法进行深入的谈话。**因此，关键是上司留出充分的面谈时间等待部下自己梳理问题。面谈时，留出"谈话余白时间"让部下梳理问题十分重要。**

要　点

面谈需要在规定时间内得出结论这一常识如今已深入人心。然而，一旦设定了时间，注意力就会集中在必须在这个时间点前结束谈话上，导致没时间去深思熟虑。不如与常识反着来，我们不为面谈设定时间限制，给予部下"当场"思考的时间，让部下能够厘清自己的思绪并表达出来。因此，事先把面谈主题分为限时主题与不限时主题很重要。

6. 加班费给付法

▨ 无偿加班式面谈的局限性

举个例子，在餐饮业和服务业中，管理层为完成店铺指标，日复一日在数据管理、店铺卫生管理、录用兼职员工与轮班管理中疲于奔命，无暇和部下面谈。

无论公司还是上司，都意识到必须做点儿什么，可"明白是明白了，却无法落到实处"。

在这些公司里，也有公司试图组织面谈，**可遗憾的是，都以无偿加班的形式进行面谈。**

请各位仔细想想。

"请大家在无偿加班（这可不会直接说出口）的时间里开会讨论解决职场问题，每周一次哦。"

要是这么和部下说，大家认为部下能心甘情愿积极地参加面谈吗？

"无偿加班解决职场问题，本身就有问题！"

"不管怎么说，可以先回家吗？我现在累得不行。"

我们可以预想到部下会有此类反应，上司也深知部下的这种心情。

"我很明白你所说的情况，可这是公司要求做的，所以我也别无他法。"

遇到这种状况，上司就只能夹在公司与部下之间左右为难。

在无偿加班的情况下不情愿地进行面谈，根本解决不了职场问题。所以最重要的是将面谈"工作化"，简而言之，要是在工作结束之后进行面谈，就需要给部下发放加班费。

首先事先与部下约定面谈，并告知将会支付加班费，这么一来，还可以把面谈是公司实施的对策这一信息传达给部下。这样上司和部下就都能安心配合了。

▨ 尽量把面谈安排在工作时间内

在工作轮班制管理的公司里，早班员工与晚班员工之间难以取得交流。即使是上司和部下关系，平日里也仅仅是在轮班换班时简单打个招呼而已，这种情况十分常见。

在这种情况下，要安排30分钟左右的轮班时间用于面谈，这一点非常关键，与发放加班费是同一个思路。

很久以前曾存在这种情况：餐饮连锁店内仅有一个员工，一个人要包揽店内所有的活儿。有些公司为削减成本极度缩减人员数量，而且成员之间几乎没有交流。**极度缺乏交流，会给公司招来乱子**。

比如在某便利店，熟食废弃量比从前多了不少，实际原因是店员可以食用报废处理后的食物，于是某个兼职员工故意多烹调了一些食物，超出需求的部分只好报废处理，最后都落入了店员肚子里。

店员从收银机里偷钱可是个重大的问题，回头想想废弃损耗，这两者性质完全相同。

在这种时候，如果还是想着不沟通就能解决问题，就只有加强监视力度了，如"为保证店内无一寸死角，在所有地方都安上防盗监控，监视店员的一言一行"等，随着监视力度的加强，职场问题也将越发尖锐。

归根结底，**多少付出一些代价，换取交流渠道的畅通，不断营造良好的职场氛围才是上佳之策。**比如，即便是拿出十分钟时间也好，支付加班费与员工交谈，这才是基本思路。

▨ 立在面谈与有偿加班之间的一堵墙

虽说如此，可对于上司来说，有一道难题摆在眼前，当为了与公司无直接利益关系的面谈，从公司获得许可发放加班费时，虽然公司理解交流的重要性，也同意这样做，但在多数情况下，公司会要求上司说明理由。

在此，我为各位推荐两个理由：一个是"**削减招聘广告费用**"；另一个是"**提高员工稳定率，降**

低培训成本"。这两个目标值设定起来轻而易举，且与公司利益直接挂钩，因此，作为说服公司支付加班费的手段非常管用。

要　点

以无偿加班形式进行面谈，就意味着声明面谈不属于工作。可是当下实际情况是，难以向公司申请为与公司无直接利益的面谈支付加班费。我们可以提示公司面谈所能达到的效果，可以以"削减招聘广告费用"或者"提高员工稳定率，降低培训成本"为由说服公司为面谈支付加班费。

7. 故事共鸣法

▓ 引起他人共鸣是上上策

营造部下对上司畅所欲言的氛围，关键点是**"引起共鸣"**。

那么，到底该怎样引起他人共鸣呢？**我是这么对客户公司的管理层说的："请先做好准备，把您**

本人年轻时历经的苦难改编成能够引起所有人共鸣的故事，就可以随时随地与部下打开话匣子了。"

"我年轻时也是笨手笨脚的，常常惹上司生气，弄得自己心灰意冷，幸亏靠某事终于得以实现突破。"

通过讲述这些趣事，让部下觉得："曾经还发生过这种事啊"，引起彼此之间的共鸣。

举个具体例子吧！

部下因销售业绩停滞不前而愁眉不展："公司要求我加把劲营销，可是工作做了未必有回报啊。"对待这番言论，上司可以为部下讲一讲如下的故事。

"确实如此，我年轻时曾被公司要求每天收集100张客户名片，一开始理解不了为什么要做这些事。当然，说起100张名片和销售额之间有无关系，其实这种做法几乎毫无意义哟。

"但是，有些时候想要约客户见面，会被对方嫌弃，在不断经历这些事的过程中，能够打磨自己的心性。逐渐领悟到'原来如此，这种时候预约比登天还难''在这种状况下预约的话，对方才会有心情和我唠嗑'。

"不断积累这些经验的话，在看到对方的一瞬间，就能明白对方是否愿意听你讲话，销售业绩也会不断往上涨哦。迟早你会领悟到只要付出就会收获成果。"

▨ 部下愿意听上司的经历

各位怎么看呢？事实上，以上也是我个人的经验。我年轻时曾干过上门销售，有时候也会遭遇他人冷脸，可在积攒经验的过程中，不断切身体会到自己的直觉越来越敏锐，而这种亲身体验，恰好可以轻易让部下听进去，还容易引起彼此的共鸣。

"部下对上司的过往故事不感兴趣吧。"

"今时今日的时代背景和过去截然不同，即便和部下说那些老掉牙的故事，对方也没法心领神会不是吗？"

如若带着这种想法，就会对讲述亲身经历一事畏首畏尾。

然而，从我目前的所见所闻来看，有很多新人愿意听根据上司亲身经历改编的成长故事。正如"温故知新"一词所言，了解过去，从中获取到的经验将在未来发挥作用，有这种想法的年轻人不在少数。

即使"带着倚老卖老的眼神"说些让人不感兴趣的话，可要是能够平视部下，将部下代入"年轻时的自己"，双方的共鸣感也会上一个台阶。

说到底，**无论身处哪个时代，职场人所经历的纠结、碰上的钉子，都存在共通的因素。**

因此，我希望各位上司不要畏首畏尾，而是敞开心扉说出自己的故事。"吃得苦中苦，方为人上人"此类精神论不可取，请试着和部下聊一聊有助于成长的内容，让部下明白成长的具体含义。

▨ 准备好故事

不论是怎样的上司，应该都有可以对部下讲述的无数过往经历。虽说"经历有了"，可能否当个讲故事高手却另当别论。

若是像搞笑艺人那样，善于讲脱口秀段子的人，只要给个由头就能讲出一大堆自己的过往笑料。但大多数上司也只是凡人一个，想要马上出口成章比登天还难。

所以，让我们准备好要向部下讲述的故事吧！基于部下平时的工作习惯，试着盘点一下自己年轻时是否有过与其相似的烦恼，然后**把自己的经历故事化，事先练习直到能讲好一个故事为止**。

此处的要领是讲述从失败的经历，或是历经艰难的岁月中学到了什么，且如何在当下学以致用。一星半点儿也好，敞开心扉讲述自己的故事，然后再做回默默倾听的角色。

请记住如图 3-5 所示的流程！

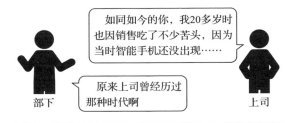

令人愿意聆听的故事情节

· 比起成功的故事，失败的故事与犯蠢的故事更吸引人
· 契合对方当下状况的应景故事
· 出人意料的故事
· 别卖关子，痛痛快快做个总结

图 3-5　通过故事引起彼此的共鸣

要　点

营造部下对上司畅所欲言的氛围，关键点是"引起共鸣"，为此请尝试与部下聊一聊自己经历中的"失败""无理取闹"与"搞砸的事"。部下并不讨厌上司的经验之谈，而是厌烦上司的自吹自擂。上司要事先准备好自己的"共鸣故事"，做好随时随地讲述的准备。在讲故事时，营造可以让人畅所欲言的氛围，请注意，不要一开口就指点江山与说教。上司要"敞开心扉"以引起部下的共鸣。

8. 精选面谈地点法

▓ 在可以畅谈的场所谈心

"面谈时，上司应敞开心扉。"

"夸奖部下，以满足部下渴望他人认同的心理。"

社会上有许许多多类似的技巧，可事实上在做这些之前，还有许多我们力所能及之事。

其中之一便是精选面谈场所。简而言之，就是在能畅所欲言的场所进行面谈。

"夏季时，别在空调不顶用的炎热场所面谈。"

"别在令人窒息的逼仄场所面谈。"

听到这些话，各位大概会觉得这不是合情合理的做法吗？然而出人意料的是，许多公司忽略了这些要素。

▓ 因谈话内容的不同变换不同场所

因谈话内容不同而变换场所，这同样十分有用。

举个例子，销售员在自助式咖啡店边喝咖啡，边与人洽谈价值1亿日元的单子，多少有些不合适。也许酒店的休息室等地方才配得上这1亿日元的单子。

反过来说，在酒店的休息室与客户商谈1万日元的合同，又有些小题大做，这种情况反倒是自助式咖啡店更合适。

有些情况下，面谈也需要根据重要程度使用经费。有人认为使用公司里的会议室就够了，可有人很在意谈话内容被公司里的其他同事听到，他们在公司里没法放开聊，在公司外面才能开怀畅聊。

把面谈场所挪至公司附近的咖啡馆、借用公司外部的会议室都是不错的选择。

▨ 背景音乐和芳香气味也是关键点

与挑选面谈场所一样，营造畅谈的环境同样需要下一番苦功。

第一个要素是声音。

在团队成员中，有些人在有背景音乐的环境下更容易一吐为快，也有些人反而喜欢在安静的环境里谈话，哪怕听到一丁点儿声音都会极为在意，没法继续聊下去。**请根据员工的类型挑选匹配的环境吧！**

第二个要素则是香味。

香氛和熏香也能为营造畅谈环境贡献一二。在我认识的营销人员中，有人平日里一直随身携带私人专用的香氛。

听闻一位友人把香氛用在授课中，不仅能使参加者放松身心，同时还有助于构建自己的品牌形象。

营造畅谈的环境在面谈中同样很重要，敬请各位参考一二。

要 点

对面谈毫无自信时，仅仅对挑选面谈场所下一番苦功，也足以使效果大不相同。在公司内部面谈，往往是随意找个场所敷衍了事。根据面谈内容的不同选择不同场所，面谈所能收获的成果也会大不相同。若是不愿谈话内容被其他同事听到，在公司以外的地方面谈也不失为一种方法。另外，将背景音乐和芳香气味物尽其用，同样行之有效。如若试着调动五感（视觉、听觉、嗅觉、味觉、触觉）去体会面谈，也许可以进一步精益求精，把面谈做得更好。

9. 相顾无言法

▨ 必须看着对方眼睛说话这一常识，是对还是错

"看着对方眼睛说话"被认为是面谈的常识之一。

对此各位是如何看待的呢？在面谈中一**直被上司目不转睛地盯着，部下大概会觉得没法聊下去了吧？**

在日常会话里，由于意识不到关注四目相对这件事，所以不要紧。然而，一旦身处面谈等特殊场

景中，有时就会想着：该怎么办才好？自己该看向哪儿？

实际经历过就会知道，要是一直被上司盯着看，连张嘴说话都觉得费劲。**特别是在单独房间一对一面谈的话，紧张感、压迫感全都扑面而来。**

这样一来，员工就难以吐露心声，恐怕面谈完全成了走过场。在面谈这件事上，营造可以让人放松身心聊天的环境尤为重要。

▨ 通过模仿肢体语言，就能构建信赖关系吗

类似于看着对方眼睛说话，模仿对方肢体语言这一方法名为镜像，就是"模仿对方的一举一动"。曾接受过交流相关培训的读者，也许听说过这种手段，是为了与对方构筑信赖关系。

但是实际体验过就会明白，虽说人们在心理上会对与自己动作相同的人产生亲近之感，可要是**一直被对方模仿动作，心里就会不由得觉得别扭烦躁吧？**

如同这样，**被视为良策的所谓交流技巧，因个人做法与学习水平存在差异，有时反而会产生不甚理想的结果**。而且在我看来，要耗费大量时间和精力做训练，真要实践起来，前面还有堵难以逾越的高墙。

▦ 让我们开动脑筋想想如何才能自然地挪开视线

与上司对视时部下需要鼓起相当大的勇气才能挪开视线。因此，作为上司一方，要为部下想想，如何让部下可以大大方方地挪开视线。

在此，我给大家推荐一种方法，我本人在实践中屡试不爽：**在视线范围内放置道具**。举个例子，把纸质资料等道具放在桌子上后，再开始面谈，这么一来，部下自然而然地把注意力放在纸质资料上，并边偷瞄边谈话。通过这种方法，双方不再对视，部下也得以从紧绷中解放出来（见图3-6）。

这种时候，若是再加上上司闭嘴法，效果将会加倍。总而言之，双方不要一直对视，上司闭上嘴默默等待部下开口说话。

通过以上做法，在下一次对视说话时，部下就能够重振精神，切入更深层的谈话内容。

图 3-6 关注面谈中的视线

要 点

从我小时候开始，人们便常说"必须看着对方眼睛说话"，而且这一说法早已成为常识并深入人心。可仔细想想就会明白，要是被上司一直盯着看，部下连张嘴说话都费劲。因此，上司要为部下开动脑筋，想想部下如何能够在面谈之中自然地挪开视线，形成一个畅所欲言的环境。

10. 面谈主题预设法

▨ 敏感问题才是面谈里的正题

本章最后我想和各位聊聊面谈的内容。

"只要开始面谈，话题自己就会冒出来。按照公司发放的面谈流程表提问，面谈就能顺利进行下去。"

抱有此类想法的人还真不少，这可真是乐观过了头。

预定好每周进行面谈，可面谈流程表的项目每次都一样，这种情况下，面谈内容转变为"确认"。仅仅是没完没了地重复着"确认"工作，双方就跟搞八股文似的：

"对了，本周与客户的联络进展如何？"（上司）
"和上周一样，我会继续努力的。"（部下）
"那拜托你了。"（上司）

若面谈目的是这种换汤不换药式的确认，倒不如别抽出时间面谈了，只需要把信息输入到信息共享云端，而且远比这种形式的面谈更有效率。

既然特地抽出时间面谈，那必然是有不问不行的内容。

"在众目睽睽之下，你对说出问题有些犹豫，但还是希望与上司聊聊。"

面谈就是为了讨论这种没法轻易分享到云端的敏感问题。

▨ 部下必然有烦心事

部下有想说却无法言说的烦心事。

在销售人员中，有人"希望可以销售顾客真正需要的商品，可被公司要求优先售卖利润高的商品。内心痛苦不已却没法反抗公司"。

我曾在某饮料制造商处听来这么一件烦心事：这家公司生产清凉饮料，开发负责人日常的一项职责便是试喝清凉饮料。他不停地喝，导致最后去做了体检，结果显示"疑似糖尿病"。

要是为身体着想，那肯定是不愿继续喝公司产的饮料了，然而既然是自己的本职工作，就不得不拼了老命喝下去。他没法直截了当地对公司说："我不愿意继续试喝饮料了！"现实中有些人就有这类烦恼。

▨ 先制定好面谈走向

有人说"把职场问题分享到云端就行了"，但是大致上这类烦心事根本不会出现在云端。

因为说出来后，不知道日后会不会被"穿小鞋"。

上司想了解的正好就是这类**敏感的烦心事，可通过临时性的面谈没法打听出部下在烦恼什么**，因此，上司事先准备好话题，有助于打听部下的烦心事，这一步必不可少。

我在企业采访时也是一直如此，对于初次见面的各方人士，我会在采访前留心收集与之相关的信息。我先通过员工的直属上司，获知员工的工龄、职位、工作相关的信息，然后在一定程度上制定谈话走向之后，才开始采访员工。

在采访中，我会演好倾听者这一角色。**事先知晓对方背景的提问，与一无所知的提问，这两者所能获得的信息量截然不同**。若是想要进行深入的谈话，那么事前准备必不可少（见图 3-7）。

图 3-7 面谈前的必要准备

▨ 上司的职责是抢先抛出疑问

在面谈前准备好主题，以此摸清部下的想法。
要是把这一点代入到人事考核里的意见反馈面

谈来思考，会更好理解。**在意见反馈面谈里，考核依据成了老大难的问题。部下想知道"公司为何给出这个考核结果"，在不认同考核结果时尤为如此。**

"我这次考核获得了这个评价，我有些接受不了，当然了，能改善的部分我以后会改善的，所以请您告诉我具体哪里出了差错？"

面对部下抛出的疑问，上司做出以下回答的话会如何呢？

"不是……我对某些部分同样心有不甘，但这最终是由公司裁决的，以我的立场我没法反对哦。"

这说法非但没法让部下消气，反而会让部下顿时丧失对上司的信任，嫌弃上司：

"这个人根本不靠谱，以后不能找他谈话了。"

对于部下的考核反馈疑问，上司理应事先准备好能够令人信服的回答，要不然，毫无准备直面意见反馈面谈，最后就会闹出笑话。

事实上，如果试着在公司内部实施调查，就会明白仅有少数员工对人事考核制度本身有不满情绪，这些员工无法接受反馈回来的内容，于是，在他们眼里人事考核根本不具备公平性和公正性，并对此心怀不满。

临时起意向员工反馈信息绝对不可取，毫无准备硬着头皮面谈得不到任何成果，这与学生时代所谓的"实力测验（指没有进行任何准备，光凭自身实力考试）"非常相似。**做好万全准备之后再与部下面谈，让我们养成未雨绸缪的好习惯吧！**

要　点

工作报告和公司内部社交网络等方法只能共享表面信息，只有面谈才能触及表面信息下的敏感核心。面谈必须有个主题，根据主题的不同，预先组织语言表达十分重要。开始时，不仅没法随机应变推进面谈，而且一旦慌了神，自己就容易说错话，甚至有时还会做出错误的应对。做好万全准备再去面谈，减少错漏。事先模拟面谈，之后再面对真正的面谈。

——————————————— 小 结 ———————————————

10 个职场问题"探听"术

1. 理念共享法

- 事先告知目的与目标

- 只要正确传达目的就能获得部下的配合

2. 公司内部提前打招呼法

- 不打招呼就面谈会让部下有"任人宰割感"

- 一对一面谈易让部下吐露心声

- 对面谈一事缺乏自信的上司试试增加面谈次数

3. 去酒精法

- 面谈应该在去酒精的环境中进行

- 面谈还可以以午餐会议的形式进行

- 办酒局的基本原则应是大家自愿参加

4. 上司闭嘴法

- 比起指导与倾听,上司首先应该把嘴闭上

- 上司面谈时只需要做两件事:提问与闭嘴

5. 面谈不限时间法

- 让部下吐露内心千言万语，需要耗费一定时间
- 留出"谈话余白时间"，允许部下思考

6. 加班费给付法

- 无偿加班时的面谈难见成效
- 因面谈而加班，与公司商量一下给员工发放加班费

7. 故事共鸣法

- 引起他人共鸣的上司备受信任
- 聊一聊自己的经验，做部下成长的推手
- 事先准备好可以引起共鸣的故事

8. 精选面谈地点法

- 在可以畅谈的场所谈心
- 因谈话内容的不同变换不同场所
- 好好利用背景音乐与芳香气味

9. 相顾无言法

- 要是一直被人盯着，连张嘴说话都觉得极为困难

- 有必要注意一点儿，不要过于在意肢体语言
- 开动脑筋想想如何才能让部下自然地挪开视线

10. 面谈主题预设法

- 不断重复面谈流程表上的项目导致面谈千篇一律
- 互相聊一聊文字无法传达的敏感问题
- 事先制定好面谈走向
- 事先找好对策应对部下可能提出的疑问

第 4 章

步骤 **2**

最大的难点！
职场问题的『共享』技术

11. 妨碍问题共享的"打小报告文化"

▓ 为何上司不敢向公司报告问题

上一章为大家介绍了上司从部下处旁敲侧击，摸清职场问题的方法。但是，只是摸清问题还远远没到收场的时候。**人们期望上司能发挥应有的职能，摸清问题后就应该解决问题**。

由此产生了一个问题，**要想解决职场问题，上司必须向公司（或者顶头上司）汇报问题**，即上司向公司报联商才是共享组织信息的诀窍，但共享职场问题并不是那么容易。

举个例子，在从部下那里摸清人事考核制度中存在的问题后，上司如果能完善人事考核制度，就会让部下工作起来更顺心，同时自己也能收获成就感。

虽说如此，但上司自己的权力根本不足以完善人事考核制度，需要先把问题汇报给公司或者自己的顶头上司，可有一个拦路虎挡在眼前。

就公司而言，如果一线管理者不要求改善，公司不会有具体的动作着手改善。没了关键的一环，公司也就一直摸不清存在何种问题。

那么，为何上司不向公司报告问题？原因之一是，如果把问题报告给公司，**上司自己被"打入冷宫"的风险极大**。因为职场问题有时是由部下对公司有极大不满与感到不安而引起的。

善用上一章介绍的方法，上司便能掌握部下心怀怎样的牢骚。把**"真正的病根"报告给公司，往往会遭到公司劈头盖脸的质问，如"你为什么不在问题出现前拿出解决对策"，恐怕被问责的人反而成了上司自己。**

这样想来，上司不得不慎重考虑是否向公司报告问题。结果，重要信息的传递止步于上司，这成了一种常态。

▨ 不可无视部下需求

另一个原因是，**上司向上级报告问题会被部**

下视为"告密者"。第 2 章说到的"打小报告文化"便是这一原因的背景。上司好心好意把问题报告上去了，可反映问题的部下日后极有可能被"穿小鞋"。

往往是上司一向公司报告问题，公司马上就着手改善。公司老板基本上都"沉迷"于解决问题，一听说哪里出了点儿问题，就急吼吼地开始动手，"必须做点儿什么，马上着手解决！"

在中小企业和初创企业里，这种争分夺秒的感觉尤为明显。公司负责人对自家公司充满责任心，因此迸发出强烈的改善冲动。

争分夺秒地解决问题，这态度本身当然很好，可时机不对反而会产生反效果。

"好不容易下定决心和上司私底下谈话，为什么上司转头就向公司告密了？公司立马出手的话，我跟上司谈话的事不就暴露无遗了吗？"（见图 4-1。）

如果部下对此耿耿于怀，就会认为"最好什么都别说"，导致职场问题逐渐被掩盖起来。

图 4-1 共享信息的"拦路虎"

　　有些情况下，部下向上司反映问题是"想要把问题提交给公司"，有些情况下则是"想把问题当作上司和部下之间的秘密"，或是"没别的意思，就是希望上司听听自己的想法，理解自己的苦衷"。

　　上司如果不把需求的差异放在心上，对此一并对待，定会失去部下的信赖。

　　我们必须先明确地认识到，**"有拦路虎阻止我们与公司共享职场问题"**，**"如果单纯将部下的问题向公司报告，最后产生反效果的风险极大"**。

要　点

在上司成了一线问题的责任者的职场环境下，上司不敢开放地与公司共享信息。另外，就算能与公司共享信息，如果公司不打招呼便马上实行改善，导致汇报问题之事暴露无遗，最终上司就会被部下视为打小报告的，出现这种情况的风险极大。事实上，共享信息说起来容易，但必须相当谨慎。

12. 向公司报告问题时，让上司闹心的三件事

▨ 妨碍问题报告的三个因素

结合前文所述，我试着总结了上司想向公司报告问题时遇到的三个拦路虎。

挨骂

我觉得没有必要为此再次解说，"只要报告问题就会挨骂受气"，在这种环境下，没人愿意向公司报告问题。

可是就现实而言，只要报告问题就挨骂这一状况频发，最典型的便是"一旦把错误报告上去就会遭到斥责"。

犯了错误，理应报告给公司并迅速应对问题。**有些人对这一原则了然于心，可恐惧于"只要报告就得挨骂"，最终选择缄口不言。**

日积月累上司越发没了动力，最后只好把问题置之不顾，更甭提报告给公司。之后小错误发展成了大问题，最终问题成了大家都"习以为常"的事。

遭受差评

大家逃避报告问题的直接原因还有不想"遭受差评"。举个例子，部下就"想从公司辞职"一事和上司商量，从部下个人的意见来看，只要得到公司的协助并进行改善，就可以打消部下的辞职念头。上司明白，挽留部下继续为公司效力对其个人也是好事，但上司不敢推动公司进行改善。

因为上司一旦向公司报告问题，就会影响自己

的评价。

"公司机制问题导致部下起了辞职的念头，这只不过是托词，主要还是你（上司）缺乏管理能力。"

一想到自己有可能会被公司如此斥责，上司不由得踌躇起来。这么拖下去接连不断有员工考虑离职，公司陷入严重人手不足的状况，这种情况屡见不鲜。

歪曲事实

另外，有时会出现这种情况：向公司报告问题，可不知为何事实被歪曲，然后以讹传讹。由上司传话给顶头上司……，层层上报，在这个过程中，报告问题演变成了传话游戏，最后完全偏离了原话的初衷。

从我所知的事例来看，歪曲事实并容易以讹传讹的公司存在一些共同点，特别是那些守旧、死板的公司，更容易歪曲事实。在这种公司里，共享问题难于上青天。

这些公司维持着死板的形象，工作作风严肃，培育出来的员工也往往习惯于消极思考问题。往好的方面说，是"脚踏实地""慎重"，往坏的方面说，是"悲观主义""扣分主义"。

身处这些公司里，若是报告问题的话，就会往与问题无关的方向发展，消极一面被不断放大。结果便是报告者的本意遭到曲解，最终导致改善与问题南辕北辙，堪称失败事例的样板。

插嘴一句，这只是个笑料：据说日本人的特点是在 YouTube 等网站上给别人差评。

一般来说，其他国家的人会直接忽略那些无趣或不顺眼的视频，而日本人却会产生想写差评的心理。

事实上，我认为这种心理同样给日本型管理带来了深远影响。

要 点

就算身为上司，也没法在明知道会挨骂的情况

下，硬着头皮去报告问题。另外，明知道会对自己的
人事考核产生不利影响，那就更没法去报告问题了。
报告问题成了传话游戏，不断以讹传讹，在这种环境
下，谈何报告问题。事实上，想要与公司交流职场问
题，障碍重重。这种种因素导致公司内部信息共享运
转不起来。

13. 职场问题共享的"五确认"

▨ 共享意愿

近来，利用公司内部 SNS 已常态化，**"不论如
何，共享信息都是种好事"**这种想法蔚然成风。

然而，另一个侧面则是信息共享给员工造成精
神上的压力。我预计"疲于应付公司内部 SNS"在
未来会成为社会的普遍问题。

**归根结底，从原则上来讲，上司和部下的谈话
内容无法与公司共享。**"部下和上司的谈话内容完
全是公开信息"这类想法大错特错，未经部下允许，

上司擅自向公司报告部下的问题只会惹人嫌。

　　另外，不与公司共享信息导致改善无法推进也是事实，总而言之，上司的职责应是经过妥当的程序把信息共享出去。

　　那么首先希望各位读者确认的要点，就是共享意愿。**确认部下有共享意愿之后再向公司报告**。

　　这并非简单以某种手续获得部下同意就完事了，这是因为站在部下的角度上看，有人认为"上司强行逼迫自己同意共享"，在极端的情况下，甚至有人会以职权骚扰的由头控诉上司。

　　上司具备的常识与部下具备的常识天差地别。现在的上司在年轻的时候，即使没有得到应有的说明，也会照着他们上司的意思去做事，而这种意识早已在现在上司的心里根深蒂固。

　　但是，**现在的年轻人非常在意"有何目的"，如果不知道目的何在，即便是上司要求的，年轻人也没法轻易接受**。因此，上司先梳理一遍自己的认知常识吧！在此基础之上，**必须结合部下的认知常**

识去说明共享理由。

"这次的谈话和改善职场有关，甚至影响公司未来的发展，希望你能让我分享给公司。"

事实上，如果上司这样说，那么他得到对方积极理解的可能性极低，因为部下看不到这么做对自己有何好处。

"如果职场改善得以实现的话，你就能早点儿回家了哦。这样一来，你还能抽出时间学习，以实现你一直向往的海外派遣，不是吗？"

用类似的话，**明确告知部下他能从中得到何种好处，以提高部下的认同感**。

▨ 共享内容

即使对方同意共享，也并非能够共享所有内容。

站在部下的角度来看，有些是"可以共享的信息"，有些则是"不希望共享的信息"。那么，我们

应事先同部下确认哪些内容可以共享。当然了，在
确认可以共享的内容的时候，我们还需要掌握技
巧，告知部下"共享的理由"。

**懂得划分可共享内容与不可共享内容的上司深
受部下信任。**构建彼此间的信赖有助于创造一种关
系：在遇到问题时，部下最先想到的商量对象便是
上司。

▨ 共享范围

接下来我与各位读者聊聊共享范围。

举个例子，部下 A 向上司 B 报告问题，上司
B 同部下 A 确认了内容，并允许把问题共享出去。

但此处出了乱子，上司 B 把信息发到公司内部
SNS 上的管理组里，其他部门的经理 C 也在组里，
结果经理 C 转头就把信息告诉了手下的部下 D，这
在部下 A 的意料之外。部下 A 和部下 D 同年入职，
部下 A 不乐意部下 D 知晓自己的问题。

对部下而言，都有个不对付的对象，不愿这个

人知道自己的情况。因此，我们需要明确共享范围。

利用公司内部 SNS 等交流工具共享彼此信息时，**可以事先交流"能够在什么范围内共享"。**

"在 SNS 上传信息的话，经理以上的管理层都能看到该信息，这样行吗？"

"这么说，经理 C 也能看到信息了吧。那样的话，经理 C 是否有可能把这些话散布出去？"

"确实有这种可能。我还是口头告诉董事 E 吧！"

通过类似对话，取得部下的确认。

▨ 共享时机

如前所说，**可能一向公司报告问题，公司就立即着手解决问题。可以设想，有些情况下这会有损部下利益。**

举个例子，假设部下向上司报告了某位员工的行为有问题，他的这种错误行为导致其他人员纷纷辞职。作为上司，当然希望与公司共享这一问题并商量对策，以求改变人员分配。要是马上将问题报告上去，会发生什么呢？可能公司能帮上司解决问题，**但恐怕最后会发展成"有人打小报告了"这种结果。**那样的话，就会对报告问题的部下产生不利影响。

这种情况下，上司最好与部下一起思考、商量向公司报告的最佳时机。**比起独自一人斟酌时机，不如同部下一起，双方确认此事，这样做还能提高彼此的认同感。**

"确实，你的正义感很了不起，我觉得必须设法解决这个问题。我打算告知公司谋求解决对策，可是现在立马告知公司的话，恐怕会暴露你就是报告人，让我们一起思考应该在何时告知公司吧！"

综上所述，双方共同决定共享时机，就算产生最坏的结果，也能同进退。

▨ 共享方式

第五个希望各位确认的项目则是"共享方式"。

共享方式各有千秋，下面将围绕三种方式为各位读者解说。

人事考核表、面谈记录表

向公司报告人事考核情况时，趁机整合职场问题一并报告给公司。善用人事考核表，将问题记录到表格里，并提交给公司，这种情况下，也必须事先征得部下同意。

此处的要点是整合部下的行动记录、面谈记录，将此作为报告的依据，出示给公司。公司高层领导习惯于任何事都凭数据判断。

证据确凿的话，更具说服力。反之，若是无凭无据仍把问题报告上去，极有可能会被公司认为上司只是在主观臆断。

"部下汇报的具体时间是什么时候？"

"能不能说说作为问题依据的那件事的情况？"

我建议各位读者在平日里整合这些事，一并记录下来。

公司内部 SNS 等交流工具

截至目前，本书数次提及了公司内部 SNS、交流工具相关的话题。公司内部 SNS、交流工具有利有弊。我们在对其利弊心中有数的情况下，根据情况使用它们吧！

通过公司内部 SNS、交流工具报告问题时，最好与部下一起考虑报告的文案。这也是为了征得部下的同意。只要能事先征得部下同意，便能降低风险，避免发展成纠纷。

直接报告给公司

需要紧急上报时，或被部下要求严守秘密时，和稳妥的人打个招呼，直接向对方报告。此外，我们还要把报告的内容详细地记录下来。

这种情况下一对一报告是大原则。在管理层云集的会议上报告问题，要准备好面对诸色人等，有"对此漠不关心的人""纯粹为了好玩的人"，还有"看热闹不嫌事大的人"。我们需要遵守一条铁则，那就是报告问题时把这些人统统排除在外。

要　点

总而言之，交流彼此间秘密的大前提是一对一对话。是否可以共享给他人应取决于参与方的意愿。另外，如果不先确认好共享的内容，之后恐怕会发展成彼此间的分歧。进一步讲，双方还要先确定在何种时机告知何人。假如把信息共享给了与部下不对付的人，或共享时机出了差错，有时会导致意外。关于共享方式，上佳之策是考虑问题的紧急程度，同部下商量后共同做出决定。共享组织信息的秘密武器是报联商，它也是上司与公司沟通的纽带。

■ 专栏

领导力与辅助力

现在，职场中上司和部下的主流关系是，上司发出指示，部下遵从那个指示的"领导力型"。但这样上司就要孤军奋战调动部下，以完成任务。因此，我推荐的是"辅助力型"。上司为了让部下自主工作取得成果而提供支持。职场中的所有成员一起合作达成目标。但是，为了实现这一点，与部下的信赖关系是不可缺少的。

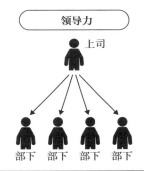

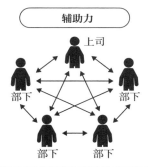

领导力	辅助力
·上司为达成目标，对部下发出指示，部下遵从指示工作 ·部下依照上司指示采取行动 ·部下之间零合作，各自达成目标	·上司为达成目标，向部下说明达成目标的计划，部下理解该计划 ·部下为达成目标，独立自主思考并行动 ·部下之间齐心协力，以有效的方式努力达成目标

第5章

步骤❸

现在立马能上手！
职场问题的『改善』技术

14. 精明能干的上司从"体验式改善"开始做起

在这一章我想为各位讲解一下，有效掌握职场问题后，推进职场改善时所用到的技巧。

我认为，改善职场的方法有三种类型（见图 5-1），**分别是①改善人（人员）、②改善物（物资）、③改善事。**

改善人	改善物	改善事
·邀请外部讲师开展培训 ·开办公司内部学习会 ·由上司实施OJT ……	·设置单独隔间 ·引入新型机器 ·导入新制度 ……	·改善沟通 ·改善职场规则 ·改善业务 ……

图 5-1　改善职场方法的三种类型

改善**人**的方法中，最具代表性的例子是"**培**

训"，即邀请外部讲师对部下进行培训，耗费相应
的时间与费用，以此提高部下的交流能力。不言而
喻，仅仅培训一两次，根本不可能提升能力。培育
人才必须持之以恒，非一日之功。换句话说，改善
人是一场旷日持久之战。

接下来试着想想如何改善**物**。

我们可以考虑**改善办公环境**，如设置单独隔间，
让员工在办公室里可以专注于工作。在SE（System
Engineer，系统工程师）和程序员工作的场所，经
常能够看见他们在单独隔间内工作。

要想让员工集中精力工作，相比于改善人，改
善物，即设置单独隔间的效果似乎确实更为立竿见
影。可是，问题在于其花费的成本，还要兼顾其他
部门，大多数情况下，非上司凭一己之见就能实施
改善。

**"改善人"和"改善物"都受到一定程度的阻
碍。因此，在本书中，我建议从上司的立场出发，
先致力于更为容易实现的"改善事"。**

那么，所谓的"改善事"，具体有哪些呢？从下一节开始，我将逐一介绍给各位读者，请先从容易实现的举措开始实践吧！

要　点

改善职场的方法分为三种类型："改善人""改善物""改善事"。虽然人才培养所得到的效果更加显著，可是相当费时费力，站在上司的立场来看，其中阻碍巨大。上司现在应尽快实施可独立上手的"改善事"。

15. 共享员工的个人说明指南

"上司""部下"的个性各不相同，不能触碰的雷区也千差万别，有些人在专注于工作时，如果被人搭话的话，火气一下就上来了，还有些人即使被搭话也能心平气和。

因此，公司里的所有人都要形成自己专用的"个人说明指南（使用说明书）"，并将其共享给同事。

公开独属于自己的个人说明指南，如"不希望有人在我工作期间打扰我，最好是在我离开电脑休息时再交谈"等内容。

提前把个人说明指南共享给公司里的其他人，可以减少公司内的矛盾纷争。万一还是在聚精会神工作时被人打扰了，也可以轻易和对方说开："抱歉啊，就如我先前在个人说明指南里写的那样，我在聚精会神处理工作时真没办法回应别人的搭话。"

理想状态下，最好是让团队所有成员人手一份自己的个人说明指南，而不是只给上司。可共享的信息五花八门：

"与拼了老命地做销售相比，我在为他人提供辅助支撑方面，更能施展自己的能力。"

"比起工作，我更注重私人生活。"

"我的目标是拿到证书，提升自己的能力。"

"我是前期准备必须做到位的那类人。"

……

通过共享信息，不费吹灰之力就可以得到周围同事的支持与协助。

个人说明指南也算得上是某种类型的说明书，制作成公司内部专用格式也不失为一种好选择。列举的信息量过于庞大的话，很难共享给别人。列举的信息最好能令人牢记于心。让我们围绕 3 ～ 5 项展开归纳吧！

我推荐以下五项。

在工作上，自己看重的事

公司里，每个员工在工作上都有自己看重的事，将其共享给同事，**加深彼此的理解，有利于提高工作效率**。对于每个员工在乎什么，大家心中都有数了。这里要填写的内容的具体例子如："让客人高兴""重视团队合作""必定达成目标"等。

工作中的雷区

身为部下，可能很难将自己的雷区昭告于人，但这也是个人说明指南里重要的一项。为何这么做？**这是因为日复一日踩对方雷区，极有可能严重损害信赖关系**。另外，站在部下的角度看，如果能够知晓上司的雷区，也更利于工作并提高工作效率。

擅长的事项

举个例子，**因为对方是事务员，所以妄断对方干不了提高公司销售额的工作，这相当荒谬**。我在与客户的员工面谈时，听从事事务工作的员工说过："事实上，我非常喜欢玩SNS，还喜欢录游戏实况视频。"于是，我询问该员工："可以的话，试试运营公司的YouTube怎么样？"该员工很快就欣然答应了。现在他作为公司的YouTuber（YouTube主播）做得风生水起。

不擅长的事项

我和客户的员工面谈时，时常看到销售人员苦苦挣扎于事务工作中，被迫应付估价还有制作资料等事。

这种情况下，**应坦率地写明"不擅长事务工作"，这样做会获得周围人的关照。**

将来想要实现的目标

在这一项里写下工作目标，如"我想成为最厉害的程序员""我的目标是成为最年轻的经理"等。**通过了解各位员工的目标，可最大程度优化工作分配方式与培训。**

"员工的个人说明指南"全体共享

有利于减少公司内部的矛盾，便于员工得到其他同事的支持和协助。让我们参考下列内容，围绕3～5个项目制作"员工的个人说明指南"吧！请在各项目里写下"简明扼要的内容"，让所有同事都能熟记。之后制作并分发个人说明指南，所有同事人手一份。

姓名：×××

① 在工作上，自己看重的事
（➡分享给公司里的同事，可加深彼此的理解）

---

② 工作中的雷区
（➡分享给公司里的同事，可提高工作效率）

③ 擅长的事项
（➡写些工作以外的东西也可以哦。如果分享给公司里的同事，
会产生意想不到的效果）

④ 不擅长的事项
（➡分享给公司里的同事，会更容易得到周围同事的关照）

⑤ 将来想要实现的目标
（➡分享给公司里的同事，可最大程度优化工作分配方式与培训）

　　此外，我推荐的共享方式是，把员工的个人说明指南制作成智能手机大小的卡片，以便可以随时回顾，也可共享到云端，或是贴在墙壁上。

要　点

　　性格因人而异，每个人都有难以克服的弱点。

　　公司里的每个人都制作独属于自己的个人说明指南，在公司内共享，让大家都知道自己的性格。这么

一来，就能在公司内部营造出良好的氛围，防止意料之外的纠纷，发挥各自的长处。

16. 工作习惯制度化

在职场上，矛盾"**主要源自员工对制度缺失的不满**"。

一个典型的例子是**吸烟时间**。在年过四旬的人看来，吸烟时间是再平常不过的日常情景，恐怕他们并不觉得这是个问题。然而，如今人们对吸烟一事的宽容度越来越低。公司里当然应该禁烟，而且在公司所处的办公楼里，要吸烟也只能去专门的场所。

从有些公司往返专门吸烟区就需要近十分钟。一天就算只有三次吸烟休息，再加上实际的吸烟时间，也几乎有一个小时离开了工作岗位。

非吸烟者即使气不平也无可奈何。这让人满腹牢骚："只有吸烟者可以休息，太不像话了！"这种不满将逐步升级。

"那些吸烟者吸烟休息完事后，还带着一身烟
臭味回来。他们自己倒是休息好了，可给其他人添
了麻烦，真不敢相信有这种人。"

如果出现这种情况，我们有必要为此设下明文
规定："对吸烟者的吸烟休息设置时间限制""为非
吸烟者安排特殊休息时间"。

但是制度化有其弊端，这也是个事实。**如果规
矩增加了，那么工作的束缚感也会随之增强**。

举个例子，假设经常有人把公司的办公用品圆
珠笔带回家据为己有，受此影响，公司决定强化办
公用品备品管理，于是实施了严格的管理制度，即使
带出一块橡皮，也必须提交申请书并获得上司的审批。

假如只是丢失一两支圆珠笔，情况又会如何
呢？显而易见的是，备品管理所需成本远超丢失所
造成的损失。**制度化之后将导致一系列连锁反应，
不仅会使工作体验变差，还会增加管理成本，使越**

来越多的员工在公司感到很不舒服等。总的来说，限制人的规矩还是越少越好。

作为上司，千万不能忘记提醒部下"为解决职场问题，有必要完善职场规矩"，同时还需要告知"增加条条框框的话，势必导致工作体验很不好"，促使部下不要轻举妄动。

此外，有些事情的制度化则势在必行。那就是职场上"不得不遵守的不成文规矩"。

职场上存在看人脸色行事的规矩，比如使用公司的车等。

虽说"使用公司的车时，为方便他人使用，必须在归还的时候打扫干净"，可在不同人眼里，"方便他人使用"的标准不相同。现今日本社会中，不同年龄段的人思考方式也截然不同，况且现在这个时代还要与外国人共事，所谓的"察言观色"早已失去了意义。

一直以来，被大众视为出色人才的人，他们察觉到了这种不成文规矩，并能够"先下手为强"。

然而，察言观色跟本职工作毫不沾边儿，还要消耗大量精力去应付，就完成业务而言，所谓的察言观色会造成巨大的损耗。

为防止员工在公司过得战战兢兢，必须将大家共同遵守的不成文规矩转化为明文规定，并让每位员工都能理解接受。这么做有助于营造良好的环境，让员工专注于本职工作，提高工作效率。

要　点

不少员工对公司里的不成文规矩满腹牢骚。

可是，不停增加规矩的话，又会导致职场的工作体验日渐变差，所以需要把规矩的数量控制在最低限度内。所制定的规矩大家必须共同遵守，却迟迟未被明文规定下来。将不成文规矩制度化，可以使员工专注于本职工作，不用将心神浪费在没用的地方。

17. 工作削减会议

各位读者知道"**ECRS 分析原则**"吗？这个

原则归纳了实施工作改善时的顺序，取 **Eliminate**（**取消**）、**Combine**（**合并**）、**Rearrange**（**重排**）、**Simplify**（**简化**）的首字母缩写成 ECRS（见图5-2）。

		内容	例
严格按顺序进行	①Eliminate 取消	【能否取消】是否有可省略的多余工作	是否固守以前的老经验一直在做无用功
	②Combine 合并	【能否整合到一起】是否有能与其他工作整合到一起的工作	是否有可以整合的重复工作
	③Rearrange 重排	【能否替代】可否变更方式或负责人	能否利用设备、制度、外包商、部下完成工作
	④Simplify 简化	【能否简单完成】能否更加简单地完成工作	能否简化现在的工作

图 5-2　ECRS 分析原则

如果直接从简化开始着手改善，原本的工作加上为了简化而进行的工作，反而在短时间内导致工作压力增大。

遵从这一原则的话，改善工作的起点就是"**取消**"，也就是停止相关的工作。首先彻查所有工作中可取消的工作，并果断停止该工作。

"**合并**"指的是，把需要费两次工夫的工作、双重工序整合为一个。导入 IT 系统时容易造成重复工作。原本想要简化工作，才导入 IT 系统，但是之前的模拟系统仍在运行，这就会导致员工处于重复工作的状态。

有些公司好不容易用上了电子签名系统，可董事们仍要用印章，最后结果便是既要盖章又要电子签名。在公司里，或多或少都存在这种重复工作的情况，甚至有些地方存在三重工作的岗位。要整合梳理这些工序，不断精简工作量。

其次，"**重排**"指的是，改善公司采用的工作外包等方法。经由上述的"取消""合并""重排"，才可着手"**简化**"。

若是一上来就着手"简化"，为简化原本的工作而叠加活动，反倒增加了工作量，极有可能导致团队成员疲于奔命，最后糟糕收场。因此，我们先从"取消"着手改善吧！

但取消就意味着推翻前例，需要敢想敢干。公司员工害怕被责难"擅自改变工作"，员工主动取消有其局限性。

因此，**关键在于取消应由上司和班组长牵头，并取得团队成员一致同意。要想取得成员的一致同意，召开"工作削减会议"倒是个不错的办法。**如果以每半年一次的频率持续下去，那多余的工作量将会锐减。置之不理的话，工作量往往会与日俱增，因此建议各位通过定期会议推进改善。此外，本书后文讲解"会议"的章节，将为各位讲述推进会议的有效方法。

要　点

虽然天天高呼"必须改善"，却总是不尽如人意，这是因为我们总想着一上来就快进到"简化"这一步。事实上，从员工的角度来看，力所能及的也只有"简化"了。因此，上司若能牵头从改善的根本起点"取消"着手，职场将大有起色。另外，随着时间的流逝，工作量也会随之增加，所以定期减少工作将至关重要。

——

18. 限期变更法

想在职场上做出任何改善，都必然会遭遇反对声音。举个例子，打算组织有助于改善职场的培训时，反对的人会即刻登场："搞这种培训纯属白费力气。明明这么忙了，还在这种事上浪费时间。"反对派很快得到众人响应。如果不让步强行推行改善，恐怕会让彼此产生嫌隙。

这种想要维持现状的作用力可以称为"内环境稳态"，生物为平安地生存下去，追求这种恒常性不足为奇。换句话说，**当我们打算发展新鲜事物时，理所当然会出现反对势力。**

因此，上司应该这样说：

"不采取新对策就没法改善职场，但是否能达到预期的改善效果还是个未知数。所以我们以半年为期限，努力实现改善的目标吧！半年后再次听取大家的意见，如果那时大家仍对这次的对策持有异议，我希望各位可以拿出具体的反对理由和不同方案。若是多数人赞同反对理由支持不同方案，我向大家保证，我会立刻停止这个改善对策。"

　　总而言之，**通知大家将在限期内进行试点**。在说服别人改善时，限期变更法这一方法屡试不爽。

　　这么做的话，反对声也会随之变小。

　　经过半年时间，几乎不会有人再提起"希望按约定停止改善"。简而言之，人们只是本能地抵触新政策罢了。由于基本上不可能出现充足的反对理由和新的替代方案，只要可以获得员工对新政策的认可，改善就能以现在的步调持续推进下去。

　　如果有员工提出充足的反对理由和不同方案，那么照此方案实施也未尝不可。倒不如说，只有整个公司都在不断成长，才会出现积极出谋献策的员工。不管调转车头往哪个方向，公司都是走在改善的道路上（见图5-3）。

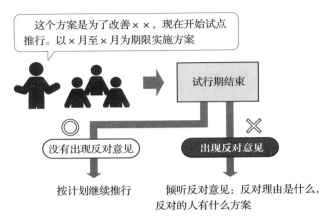

这个方案是为了改善××，现在开始试点
推行。以×月至×月为期限实施方案

试行期结束

○ 没有出现反对意见

✕ 出现反对意见

按计划继续推行

倾听反对意见：反对理由是什么，
反对的人有什么方案

图 5-3　职场改善先敲定"限期"

要　点

任何改善活动都必定会引来反对势力。作为反制手段，可以声明"将限期试点实施新方案，如果尝试后各位仍反对，请告诉我反对的理由和改善对策，若反对意见得到多数人支持，那我就放弃我的方案"。这样一来，可以避免遭到那些没有真正理由、只想安于现状的势力的批判。此外，我们还可以听到来自愿意改善一方的意见。

19. 正能量用词转换法

人们自口中说出的言语蕴含着强大的力量，可使事物一语成谶。然而，日本职场日常中充斥着否定用词。你对下面这句话感觉如何？

"作为管理者，要秉持不放弃、勇于拼搏的精神。"

这句话看起来似乎积极向上，却包含了否定用词，那么思考方向也会不断朝否定的方向偏移。人类大脑并不善于理解双重否定。因此，**我们发言时应该将否定用词转换为肯定用词。**

如果部下听到否定用词，那么他的思考方向也将趋于否定，最终导致职场氛围不断恶化。

因此，把前面说到的句子转换成正能量用词的句子吧！转换成以下句子如何？

"我身为管理者，必将达成目标！"

这样应该更容易令人理解，且其中蕴含的积极向上也更为明显。制造业中，"安全第一"的积极程度大于"增加良品率""避免事故发生",而"降低不良率"最没有积极的感觉吧。

图 5-4 中是一些负能量用词转换成正能量用词的示例。

负能量用词	正能量用词
1. 生气 2. 好丢脸 3. 失败了 4. 累了 5. 东西放得乱七八糟,脏乱 6. 干不了这工作,能力不足 7. 挨骂了	1. 醒悟 2. 有了全新的发现 3. 积累了很棒的经验 4. 再接再厉 5. 打造有利于完成工作的舒适空间 6. 还有成长的余地 7. 收获建议

图 5-4　把负能量用词转换成正能量用词

上司不仅应在日常说话中有意增加正能量用词的比例,还应该提高整个公司正能量用词的使用比例。

可以开展"正能量用词强化周"活动,让员工比拼谁能在一周内一点儿负能量用词都不说,在娱乐中尝试挑战不说负能量用词!当实际尝试时，也许最开始大家会觉得说话都不利索了。与此同时，**大家也会发现自己平时总是离不开负能量用词。**

过不了多久，大家就能渐渐掌握正能量用词，并自然而然地脱口而出。如果大家齐心协力，仅仅换个用词就能使整个公司的氛围由阴转晴，就能养成完成目标的习惯。

虽然在有些年头的中小企业里，实施起来会遇到不小的阻力，但是建议有志让公司拥有正能量氛围的上司尝试一下。

要　点

事实上，负能量用词充斥在日常对话中。负能量用词是负面思考的最根本原因！因此，我们应尝试把日常使用的词语全部换成正能量用词。可以开展"正能量用词强化周"活动，关键是让人能乐在其中。哪怕仅此一点儿变化，公司的氛围也将面貌一新。即使认为这个做法有些神神道道的，也请各位务必付诸实践。

20. 职场内也能制订经营计划

最近，甭提大企业，就连中小企业也喜欢举办**经营计划发布会**，这都是司空见惯的事情。公司的目的是通过展示公司目标，激励员工朝着同一个方向努力工作。

说起经营计划发布会上不可或缺的道具，那就是**经营计划书**。

企业为了有计划地推进经营制订了经营计划书，但我建议职场上也制订一份经营计划书。

这是因为，虽然一线员工知道涉及全公司的经营计划，可大多数人对于自己具体应该怎么做，却完全摸不着头脑。令人遗憾的是，正因为此，由公司发起的经营计划发布会常常就只是装模作样地走个形式而已。

制订职场经营计划书的三大好处如下。

统一认识。在职场上，每个员工都有自己的想法。不采取任何手段，就期待大家朝着一个方向前进，达成公司的目标，这无异于痴心妄想。通过展示具体方针与目标，可让职场成员统一认识。

时常进行意识刺激。虽说口头传达精神十分重要，但以有形可见的方式留存同样十分重要，这是因为，有形可见的内容便于日后反复阅读。若是不时常进行意识刺激，达成目标就很困难。要是有一份有形的经营计划书，便能随时随地进行意识刺激。

提升上司的可信度。在"胸无成竹"的上司所管辖的职场中，员工时常茫然不知所措。就单说提升销售额，提升方法也千差万别。有些上司搞不清究竟是上门销售好，还是电话销售好，或是在YouTube上促销比较好。谁都想直接告诉员工"自己想办法，自己行动"，可展示给员工的计划，并不是仅仅列举销售额和利润等的数字就够了，计划里还要包括具体的行动，将自己的思路共享给员工。

这么一来，分歧、遗漏、疏忽都将大大减少，从而提高职场上的效率。

　　与制订公司经营计划书不同，制订职场经营计划书时，极为关键的一点是，**要与公司经营计划书的内容相吻合**。上司必须基于公司经营计划书来制订职场经营计划书。

　　为达成职场的目标，职场经营计划书中最为重要的是"①职场口号""②整个职场的月度成果目标""③整个职场的月度行动计划"（见图 5-5）。

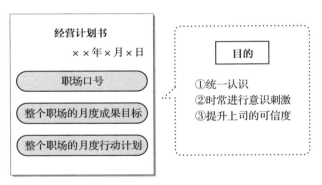

图 5-5　制订职场经营计划书

　　此外，我建议引入目标管理制度的职场，经营计划书的制订与目标管理期联动，再举办经营计划发布会。虽说是发布会,可由于是职场内部举办的,时间定为 30 分钟便足矣。

要 点

多数情况下,公司发布的经营计划让一线员工摸不着头脑,不知道自己具体该怎么做。因此,上司应该根据公司经营计划书,制订一份职场经营计划书,引导员工采取具体行动。另外,引入目标管理制度的职场,如果能把经营计划与目标管理制度联动起来将事半功倍。

21. 坦诚道歉

虽然道歉是个再普通不过的事情,但令人意外的是,我们很容易忽视**上司坦诚道歉的态度**。上司和部下意见有分歧时,或者双方意见对立时,有些上司会顽固地认为:"部下理应让自己一步。"然而,这种冥顽不化的态度只会徒增职场内的反抗情绪。对上司而言,最终吃亏的还是自己。

老老实实承认自己错了，并主动道歉才是上上策。如果职位高的人可以为职位低的人做出退让，就能营造出"甚至能够做出这种程度的让步"的氛围。看见上司的态度，部下也会有所悔改。事实上，**仅凭承认错在自己并坦诚道歉，人际关系就能有戏剧性的改善。**

要想坦诚道歉，就该先舍弃自己的虚荣心和自尊心。

只要舍弃了自己的虚荣心和自尊心，平时的言行举止就会随之发生改变。**上司逐渐能以更为谦虚的态度面对部下，"不懂的事就是不懂""希望你能教教我"**，最终逐步博得部下的好感。

上司还能从部下那里学到最新知识，如年轻人擅长的IT技巧等，让自身得以不断成长。

举个例子，如果在面谈和会议等场合，部下鼓起勇气提出希望上司解决问题，各位怎么看待如下回话呢？

"这样吗？非常抱歉，我至今都没发现这个问题。"

如同这样，上司应坦诚道歉，但是，并不是道个歉就结束了。

"可我不是十分明白你所说的问题点。对不起，你可以详细地告诉我吗？"

不仅要道歉，解决问题也很重要。当没法具体理解问题时，坦率地询问部下吧！诚然，如果上司和部下之间"代沟"很深的话，上司就要多费些时间了。但是，**如若上司能让部下感受到自己的谦虚和认真，慢慢地部下就会与上司紧密配合起来。**

要　点

职场人际关系不断恶化，可能也有上司的原因。回首过往，如果察觉到自己也有过错的话，就与部下聊聊，坦诚地向他赔个不是。能够向部下赔不是的上司，极有可能得以修复与部下的信赖关系。上司能够舍弃虚荣心和自尊心的话，其豁达大度也会为部下所知，并逐渐博得部下的好感。另外，博得部下的好感后，再同部下确认具体应该改善的地方，将事半功倍。

第 6 章

没有领导力也能办到！
领导层工作的『改善』技术

22. 公司不会为领导层教育投资

▨ 为何不培养管理能力

目前，在工作方式改革和新冠疫情的双重压力之下，许多公司正在认真规划推动职场改善。然而，却出现了不少本该成为推动主力军的基层管理人员未能发挥有效作用的情形。

例如，公司计划推行一些新业务改善措施时，往往会遭到基层管理人员的反对，诸如"本职任务都快忙死了，能不能别再捣鼓什么麻烦事儿了"。

或者为了逃避来自部下的怨气，有些基层管理人员被公司推出来唱白脸儿。

"我也不想做这些事情，谁都知道这些就是走个过场，可公司非要这么做，能咋办啊，还是咬着牙做吧。"

基层管理人员对部下说这样的话，扭曲了公司改善的本意，自然所期待的改善也就难以推进。

基层管理人员未能发挥职能的最大原因，或许是个人资质有问题。然而，在我看来，这不能单纯归咎于管理人员个人，公司本身也存在着问题。

首先是公司选拔管理层的政策有问题。

基本上，在一家公司里，踏踏实实且获得了优秀成绩的员工到了一定年龄时，上级一句话"你就该当个管理者"，这个员工就成了管理人员。

其中，也有些擅长公司内部报告、拍马屁的人受到青睐而升职。无论是哪种情况，**提拔为管理层应该具备的本质能力——管理能力却没有成为考核项目。**

从根本上来说，有权参与选拔管理层的那些高管，他们自己也并非因为管理能力受到认可才到那个位置上。因此，他们在选拔部下的时候，套用自身经历的例子屡见不鲜。

这些人接受管理相关培训的机会不多，也鲜有机会接受指导，却盲目认为"我们都具备了管理能力"。

所以，没有人会对"说不定我们在管理能力上有欠缺"之类的事有所怀疑。

在体育竞技等世界里，经常会听到类似这样的说法："著名选手当不了著名教练"。在比赛场上拼搏成为著名竞技选手的人，当教练后未必能拿出亮眼的成绩。

作为运动员斩获成绩所需的能力，和作为教练统领全队所需的能力是完全不同的，谁都知道这个道理，但是到了工商界就理所当然地成了"业绩不错"就该做管理工作！

事实很明确，大家都知道体育竞技界的运动员需要接受教练从技术到精神层面事无巨细的指导，然而到了职场上就成了"工作不是靠别人教的，是看着前辈的背影偷师来的"。这样下去，职场很难有起色。

▨ 管理人员的必备技能不是"打鸡血"，而是找到解决对策

给我留下极为深刻印象的是，**日本企业里几乎**

没人意识到管理层存在问题这一事实。

公司层面对职场改善持积极态度，却对问题点在哪里毫无头绪，所以往往会归结到"无论如何，先让上司和部下面谈，找到问题点就好办了"之类的观点上。目前，在日本各地的公司里，受企业指令埋头和部下面谈的人多达数万。

然而，**"上司们作为专业运动员或许十分优秀，却缺乏管理能力"，当这样的上司说"请坦率说出职场问题点"时，又能有几个部下会当场说出心里话呢？**

其实，绝大部分部下只会说些不疼不痒的场面话，草草结束面谈，然后上司就会在面谈记录表上这样写：

"某某工作态度积极向上，目前工作上没有特别需要汇报的问题。"

对这个结论信以为真的公司高层就会抱着脑袋烦恼："明明一线一切正常，怎么工作成果却乏善可陈呢？"

　　我在这种公司里听取年轻员工的心里话后，提交的报告书所记录的内容反映出一个和表面大相径庭的现实。

　　那些年轻员工纷纷对我吐露以下心声：

　　"这家公司啊，就快完蛋啦。我的上司们只在乎自己的业绩，根本就没考虑过要解决职场问题。"

　　"我知道毕业三年以内的同事，都在猎头网站留下了简历哦。"

　　本人再次申明，出现这种情况不能单纯责怪上司个人，这种问题应当归咎于公司不对上司进行培训。

　　公司应该加大对管理人员的培训投入，但由于"培训投资只该用在年轻人身上"之类的观念严重固化，导致对管理人员的培训一再延后。

　　当然，一些敏锐的上司为了提高自身的管理能力，打算通过阅读、学习管理学书籍等方法进行自我提升。

　　可惜的是，现在的**"上司专用书"**里提及的都

是领导力之类的唯精神论观点，全面解读管理人员
实际工作课题的则少之又少。因此，许多上司越学
越糊涂，越学越找不着方向。

　　本章立足于上述问题，**向那些得不到公司指
导，却被赶鸭子上架，不得不履行"上司职责"的
人，传授必要且立即能见效的工作方法**。

　　要　点

　　日本公司内被提拔为管理人员所要求的能力，和
当了上司以后被期望拥有的能力大相径庭。然而，大
多数上司无法从公司获得教育培训。正因为这个原
因，上司所必备的并非什么领导力之类的唯精神论概
念，而是作为上司完成任务不可或缺的具体方法。

23. 改善"人事考核"

▨ 人事考核的认同度对上司与部下的信赖关系影响极大

　　上司最重要的工作之一是**人事考核**，而众所

周知，人事考核分为两个部分：可用数值评估的**量化考核**，以及无法用数值评估的**定性考核**。

量化考核的依据主要包括"销售额同比上涨百分之几""取得合同多少个"等数值明确的成果，具有易于实现公平考核的优点。

然而，在实际操作上完全用量化考核手段进行人事考核的公司极其少见，不仅是那些以营销为主体业务的公司。其原因在于，众所周知，**职场中许多无法量化的要素在提高生产率上不可或缺**。

许多企业在人事考核中增加了定性考核项目，并在考核表内做出了详细规定。然而，定性考核却有一个大问题——考核结果因人而异。

用个简单的例子进行探讨，A、B 都是刚毕业进入公司的新人，A 的上司是 C，B 的上司是 D。

在人事考核中，C 上司和 D 上司针对考核项目中的"打招呼"给出评价，而 A 和 B 在职场内用相同的方式和他人"打招呼"。然而，C 上司给出的评语是"A 能做到热情地打招呼"，而 D 上司给出的评语是"Ｂ能正常打招呼"。也就是说，相同的打招呼行为获得了不同的考核结果。

这样一来，Ａ遇到要求不严格的Ｃ上司算是走了运，而Ｂ遇到严格要求的Ｄ上司则是吃了个小亏。这种由上司个人决定的考核被称为"上司盲盒"考核。

冷静想想，这种情况应该由公司负责。原因在于，考核制度是公司制定的，公司授权上司凭个人喜好给出考核结果。而上司作为考核方却没有经过相应的培训，定性考核结果千差万别也是理所当然的吧。

对此，公司为了消除这种人为差距，尝试将考核标准细分并进行了明文规定。例如将"打招呼"设置为5个分值，分别是"不打招呼1分""与对方对视并点头致意2分""轻声问候并低头鞠躬3分""大声打招呼并行正式鞠躬礼4分""在4分的基础上保持面带笑容5分"。

不料，这又产生了新问题，诸如"3分和4分该如何精准界定""怎样才算面带笑容"等。如果继续将标准细化下去，就得搬出词典级的精准词句才行，最终也不可能拿出一个完全精确的打分标准。

只要采用了定性考核，就会存在某种程度的含糊，想要彻底厘清这些东西根本就不可能。

最关键的部分在于，上司与部下的信赖关系。

假如上司充分掌握了部下的工作情况，直接说明"小×，你打招呼的时候做到了××，所以给你打4分哦"，相信部下也能接受。如果部下能接受，考核中存在一些偏差或者含糊的地方，也就不会成为问题。

反过来说，假如上司与部下之间缺乏信赖，即使给部下打满分也未必能让部下安心。说不定部下会直接追问"为什么给我满分"，这个时候就算上司回答"没什么理由，都给了满分了你怎么还有怨气"，部下仍不能满意。所以，在考核中，关键在于双方的信赖关系。

构筑信赖关系的大前提是，上司在日常工作中时刻正确掌握部下的工作情况，并给出正确的评价。

163

人们总说上司褒奖部下极为重要，然而上司如果仅仅漠然地说"最近工作很努力啊"，并不会引起部下发自内心的共鸣。部下真正需要的是，来自上司针对具体事实的褒奖，例如，"那么难缠的客户你都能搞定，真了不起啊"等。简而言之，**上司应当时刻关注部下的工作情况，并留下具体的记录。**

每日或每周进行面谈确实难度不小，但是至少要每个月进行一次面谈。上司应当收集有关部下的考核实绩（能够作为人事考核对象的考核依据），并留下相关记录。

有些上司因为"没有时间，没法安排面谈"，就连每个月与部下进行一次 30 分钟面谈的时间都挤不出来，那肯定是上司的时间管理存在问题。（有些公司存在 1 名上司管理 30 多名部下的情况……）

面谈时可以一边参照考核标准一边列举具体事实，确认"这个月都做了这些工作"，再根据事实算出人事考核结果，这样部下对结果的认可度会更高。

▨ 当考核标准不明晰时，上司与部下要达成共识

在人事考核中，还有一个要点不容忽视，那就是上司与部下对考核标准要达成共识。

尤其需要重视的是，"判定工作完成的衡量标准"必须获得双方的共同认可。假如是 5 分制考核的话，"3 分"的标准必须双方都认可才行。

以 5 分制考核为例，大多数公司往往会默认"工作出现重大失误 1 分""未能满足公司要求 2 分""满足公司要求 3 分""超过公司要求 4 分""可以担任更高层级工作 5 分"。也就是说，在公司看来，"3 分"算是"完成工作"。

与公司不同的是，部下往往会觉得"3 分"属于"未受到认可"的范畴，而正是这个认识差异诱发了各种问题。

所以，**上司首先要努力让双方在"完成工作"就是"3 分"这一点上达成共识。** 关于这一点，特殊工作或者高层管理职位等使用特殊考核标准的岗位需要另行单独协商，如果考核标准一致的话，建

议召开员工大会公之于众（见图6-1）。

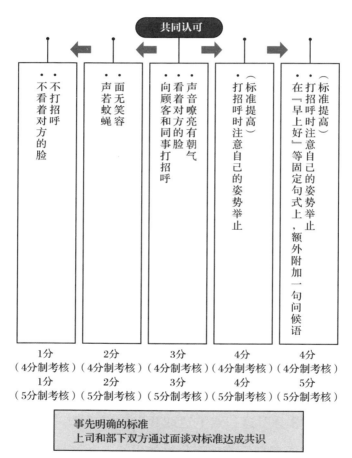

图 6-1 "考核标准明晰化"，以"打招呼"为例

上司事先与部下就考核评分标准的具体内容达成共识，等到进行实际考核的时候，部下往往会接受上司做出的判断。公司一般不会跟进上司与部下事先达成共识的相关事宜，只能靠上司自己完成。

要　点

当公司采用定性考核项目时，总是会有无法彻底厘清考核标准的项目。即使尝试给出明确界定标准，也总有些内容会不尽如人意。倒不如说部下愿意接受考核结果，靠的是上司在日常工作中让部下切实体会到自己的汗水没有白流。因此，关键在于上司与部下对"完成工作"的评分标准达成共识。

24. 改善"考核面谈"

▨ 在面谈时确认符合考核标准的"事实"

上司必须意识到，要允许部下在面谈时适度强调工作成绩的好坏。

按照日本的职场价值观，强调自己工作成绩的人往往会被扣上个"厚脸皮"的帽子，因此大家不会积极地强调自己的工作成绩。**不过，不少人却抱着诸如"自己确实在卖力工作，希望上司都能看在眼里""虽然不是抢眼的那个，但是希望上司认可我是个隐形的高手"之类的想法。**

结果，部下往往会觉得"公司和上司根本不认可我付出的艰辛"而满肚子怨气。

然而，公司和上司又不是天赋异禀，没听到或看到好成绩又怎么能给出好评。

在公司里，善于展示自己工作成绩的人容易得到好评。这并非公司或者上司偏袒谁，而是有了证据更容易给出结论罢了。

谦虚和客套是两回事，要想获得他人的认可，就必须扔掉客套好好展示自己的工作成绩，上司也必须向部下好好说清楚这件事：

"平时低调努力是好事，但重要的是有了成果一定要积极汇报。"

单刀直入告诉部下，他们总结汇报工作成果是上司做出正确考核的重要证据。

这个时候要注意的是**"厘清意见与事实"**。

我在观摩上司与部下沟通时发现一个问题，那就是部下往往会把自己的意见与事实混淆。

在这里需要强调的是，**"事实"**是实际发生的事物，也是现实存在的事物。**"意见"**则是对问题的主张、思路，也是心中所想的事物。

两者风马牛不相及，而部下往往会强调自己的意见。

"我每天那么努力地工作，希望能得个好点儿的考核结果。"

"小××没比我努力多少啊，怎么考核分比我高，没法接受。"

这些都属于个人意见，而事实如何尚不清楚。

尤其是在考核面谈的时候，关键在于要求部下提供符合考核标准的事实，而不是任由他们强调自己的意见。

必须向部下强调，不要说"我每天都勤勤恳恳地工作"之类的意见，而要强调"我在过去的半年共取得 × 个合同，销售额提高了 ×%"之类的事实。

因此，上司必须反复强调："不要一味地讲个人的意见，而要说出符合考核标准的事实。"

▨ 自我考核与上司考核的结果差距过大时必须进行复核

有些公司的人事考核表上有部下自我考核栏，而增加这一栏不是为了确认上司考核结果与自我考核结果之间的差距。

不过，人事考核认可度深受自我考核与公司考核结果差距的影响。差距越大，员工的不满情绪越强烈；差距越小，员工的认可度越高。

就算考核分数很低，但如果员工自认为自己能力不足，那么就不会对考核结果产生怨气。

在此，我建议**即使公司的人事考核表没有设置**

自我考核栏，也应该先让部下进行自我考核，上司考核时如果发现双方结果差距极大，应通过沟通达成共识（见图 6-2）。

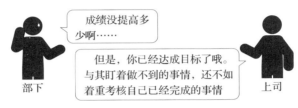

成绩没提高多
少啊……

但是，你已经达成目标了哦。
与其盯着做不到的事情，还不如
着重考核自己已经完成的事情

部下　　　　　　　　　　　　　　上司

图 6-2　上司与部下对考核结果达成共识

以"打招呼"为例，假如上司考核结果是 3 分，而部下自我考核结果是 5 分，上司应该听取部下自我考核 5 分的理由，并达成共识。

上司和部下能达成共识，对日后培养部下极为有利。从根本上说，最理想的状态是，上司有意识地利用人事考核，将它作为培养部下的手段。

此外还有一种做法，如果上司担心自己容易受到部下自我考核结果的影响，可以在面谈前故意不去阅读部下的自我考核内容，直到面谈当天才要求部下提交自我考核结果，然后基于考核内容与部下进行沟通，这样做有时候也能取得不错的效果。

要　点

　　面谈时部下经常会一味地强调自己的"意见"，然而这些内容很可能不是"事实"。部下的意见很有可能是钻了牛角尖的观点，上司应当认真确认真伪。所以，面谈的时候一定要确认部下的自我考核结果。如果部下的自我考核结果与上司的考核结果大相径庭，很有可能是双方对考核标准的解读出现了偏差。考核面谈的一个重要功能，就是彻底消除双方的解读偏差。

25. 改善"反馈面谈"

▦ 不得为了回避部下的怨气而批判公司

　　反馈面谈时，有时不得不向部下告知公司的差评结果。在这种情况下，不少上司怀着不想直接面对部下怒火的心思，转而开始批判公司。以下的发言颇具代表性：

"虽然公司给你的考核结果很差，但是我觉得你工作很努力。"

"我也向上面的人说了，'可以给个好点儿的考核结果'，但是他们对一线的情况不了解，所以没听我的。"

作为上司，说这些话的目的是想让部下好受些，但是部下肯定无法接受，因为这么一来"遭到差评的原因"就说不清道不明了。**与遭到差评相比，更令部下生气的是不明不白遭到差评。**

当部下遭到公司差评的时候，上司的首要任务是明确厘清差评的理由。尤其是自己作为上司，给部下差评肯定知道原因，**当然有时虽然上司给出了好评，但是公司却给出了差评。遇到这种情况，上司不应该就此略过，而是要向公司确认其中的原因**（见图 6-3）。

弄清原委之后，上司必须向部下清晰地阐明原因，例如可以这样说："我问过公司给差评的理由，据说是因为 ×× 那件事。我也觉得这个理由还是

—

有一定道理的，所以今后我们一起想办法改善吧。"

图 6-3　反馈面谈时，别把错误都归咎于公司

▨ 人事考核结果不仅可以用于调整人员工资，也可以用于培养部下

人事考核的重点在于，可以聚焦部下今后的成长方向。

不少上司仅仅认为人事考核结果就是"决定工资以及职务升降的依据"，确实，人事考核结果可以作为决定工资以及职务升降的依据，但这只是一个侧面而已。

但是，人事考核的本质不仅限于此，**人事考核的真正目的在于，提升人员能力**。人事考核结果完全可以作为判断员工"目前已经能做到什么程度""未来该如何发展"的依据。

许多上司并未从其他人那里获悉人事考核的本质，或者自行做出了误判。结果走进了"考核差评→工资下调→部下感到沮丧→生怕部下把矛头对准自己→通过批判公司逃避责任"这一死胡同。

上司只有理解了人事考核的本质，才能产生推动部下成长的效果。

即使出现公司给部下差评的情形，上司也必须时刻关注部下的成长，为部下指出需要改善的地方。也就是说，反馈面谈主要是为了推动部下积极向上。

在与部下协商未来发展方向时，关键在于事先确认部下心仪的成长路线。了解部下未来的成长计划和工作方法，对于日后培养部下极为有益。

另外，**对于部下今后的改善点，不要用几句假大空的话去搪塞部下，而是事先做好计划："具体该做什么""何时完成"。**

在制订计划时，我建议根据需求安排在职培训和脱产培训的内容与时间。如果公司允许（给予费用方面的补助），可以让部下参加外部研讨会。

我希望上司明白**"为迈出第一步创造契机"**的重要性，常言道，"行动大于一切"，任何人都非常明白这个道理。问题是，虽然明白这个道理，但不去行动，没有做到知行合一。

因此，我希望上司能够为部下创造一个契机，让部下正确迈出第一步。和部下一起决定"干什么""何时干"，根据需要还可以亲自下场共同奋斗！

只要迈出了这一步，在未来的日子里，部下自己就会遵从惯性法则不断成长。

要　点

一旦上司批判公司的制度规则，部下就会开始疑神疑鬼，甚至丧失价值观认同。上司应做好榜样，率先遵守公司的制度规则，这样做有助于其浸透到职场的方方面面。另外，人事考核结果不仅决定工资和晋升，在培养部下方面也具有积极意义。上司应基于考核结果，实施具体的跟进措施，以此帮助部下成长。

26. 改善"目标管理"

▨ 目标管理中"目标设定"比"进度管理"重要

一些公司中，目标管理的施行未与人事考核挂钩。事实上大家已经逐渐明白，这一点是实际工作中的一个重大陷阱。

基本上来说，目标管理有两种形式：一种是采用公司给予员工的目标，另一种则是采用员工本人申报的目标。据我所知，只有少数公司采用前者，而大多数公司采用后者。

一般而言，公司会给销售人员和管理人员设定销售额之类的"业绩指标"，但是，公司很难为其他岗位的普通员工设定最优目标。原因在于，公司无法充分掌握一线的情况。

举个例子，近来因工作方式改革，许多公司实施了推进削减加班的对策。公司也明白，"要想推进工作方式改革，就必须努力削减加班"。因此，公司可以把大目标定为"削减加班"。

前文讲过，**对于"一线现场应该做什么"，身处一线现场才能更准确地设定目标**。只有身处一线现场才能准确判断，是单纯地要求员工早点儿回家好，还是着重优化业务好。

不过，单纯要求员工本人设定目标就完事了吗？事实并非如此，员工可能会误解公司的大目标，特别是在还未取得成果的情况下。员工可能会误把按时回家当成公司的目标，从而设定错误的个人目标。这恐怕还会导致不同员工的目标方向大相径庭。

重要的是，上司要在理解公司总目标的基础上，与部下一同设定部下的最优目标。此处要领是部下设定的目标应该紧靠公司的总目标。

举个例子，公司的总目标为"月销售额提高至1000 万日元"，而部下的目标为"每天进行 100 次电话销售"。

虽然这个目标是部下在深思熟虑后设定的，可现实中，100 次电话销售是否与提升销售额挂钩，要画个大大的问号。

结果陷入一种窘境，员工明明完成了每天 100次电话销售的目标，而最要紧的销售额却不见半点儿增长。

在部下设定目标时，很多上司肯定地说"这目标真不赖，试试看吧"，而在面谈时只关注进度管理，这么做对部下没有任何帮助。

若是真的要对部下施以援手，就应该通过面谈和部下聊聊可获得实际效果的目标，然后才设定目标。**相较于进度管理，更为要紧的是设定目标。**

在上司这一群体中，由于有很多人凭直觉工作并取得了成绩，所以他们无法把自己取得成绩的方法系统化。在这种情况下，上司要回顾一下自己的工作，梳理自己过去"无往不利"的原因。

顺便提一句，上司给部下设定"低目标"的情况也屡见不鲜。给予部下低目标确实提高了目标达成率，同时还提高了部下的满意度，可是最终背离了公司的总目标，完全丧失了目标管理的意义。说到底，请各位明了公司总目标与部下个人目标之间的关系。

▨ 进度管理要定期确认"成果"和"行动"

在设定部下的目标之后，上司必须在进度管理上定期确认"成果"和"行动"。

说起进度管理，多数情况下，人们都将目光集中于工作成果，仅凭看到的成果来考核。

然而，如果细看成果的内容，就会发现有时多亏了前人"栽树"才撞了大运；有时只是碰巧搭上了经济上升期的顺风车。**而对于这种与本人努力毫不沾边儿的成果，大概很难将其理解为纯粹意义上的成果吧。**

因此，在进度管理中，关键是要通盘考虑"成果"和"行动"的关联性，直至摸清取得成果的原因。另外，对于那些尚未取得成果的工作，需要根据工作内容给予考核。

即使没有取得任何成果，也应该对圆满的工作给予相应的评价。这样一来，部下工作的积极性就会提高，也会敢于持续不断地挑战新事物，最终斩获成果。

进一步讲，**在目标管理中，请各位务必记住设定一个期限**。设定期限这个环节往往容易遭到忽视，而它却是极为重要的一步。

我看到很多公司的人都认为培养人才和上司的工作是两码事。实际上，我已听过无数次上司们这样说：

"工作实在太忙了，脱不了身培养部下啊。"

"眼前的工作堆积如山，关于培养部下这件事，根本无暇去想。"

但是，请冷静一下再来想一想，这等同于在说"培养人才不是上司的本职工作""要是很忙的话，培养人才的事往后推迟也无所谓"。这样下去公司作为一个组织，迟早会分崩离析。

归根结底，在目标管理中，设定一个期限十分重要。**设定完成期限，并通过目标管理制度进行考核，让人才培养成为一个有关闭期限的"工作"。**请各位身为上司的读者，将"培养人才"加入自己的目标。

要 点

说起目标管理，人们往往觉得好好地进行进度管理才是正道。进度管理无疑十分重要，但多数情况下，目标设定却没有顺利起作用。因此，在部下设定目标时，上司有必要对部下施以援手。不言而喻，在进度管理中，确认成果十分重要，但我们应该明确怎样的行动才能产生某个成果。此外，对于培养部下一事，公司会给出正面评价，因此上司要把"培养人才"设定为自己的目标。

27. 改善"手册化"

▨ 职场作业分为"固定作业"与"非固定作业"

一直以来，日本职场推进工作专人化的倾向非常强。简单地说，专人化指的是"只有××员工才能胜任××工作"。

但是时过境迁，工作专人化现象在逐渐消失，而工作方式改革极大程度延缓了这一时代趋势。

工作方式改革相关法律法规规定了加班时间上限，要求公司必须给予员工带薪假期，在这种情况下，公司无法放任"只有A员工才能胜任这个工作"的状况。

另外，考虑到种种问题，如可能出现员工突然离职、育儿和照顾老人导致请假增加，或者技能传承风险，这种职场专人专职现象越多，工作停滞的风险就越高。**最好及早推进作业"多人能上手""标准化"等。**

基于以上认识，再次俯瞰职场全貌，就能明白工作分为**"固定作业"（有固定程序的工作）**和**"非固定作业"（需要运用技能的工作）**。换句话说，谁都能胜任固定作业的工作，而非固定作业的工作只能由特定的人完成。从理论上来说，可以认为固定作业越多，工作标准化程度越高，如果非固定作业很多，就比较容易造成工作专人化。

但是，问题并非如此简单。

实际上，如果细查职场工作的话就会发现，其实许多长期被默认为非固定作业的工作属于固定作业。

在此给各位读者介绍一个事例。

老练的总务人员 B 员工常年被公司委任一份工作，B 员工自己也为此自命不凡："这个工作只有我能胜任。"某一天，B 员工因家庭遭遇不测，不得不离开工作岗位一个月。

B 员工担心公司是否可以正常运转，而其他员工也不知道 B 员工是怎么工作的，对能否跟进好工作惴惴不安。

可在 B 员工离开期间，实际上，确认工作内容、推进工作都顺畅无阻，工作运转顺畅。倒不如说，相比 B 员工在的时候，工作推进得更快了。

其实许多职场都出现过这类情况。总而言之，只因 B 员工故意将工作复杂化和暗箱化罢了。其实岂止是这种"B 员工才能胜任"的工作，事实证明，职场里几乎所有工作都是固定作业（见图 6-4）。

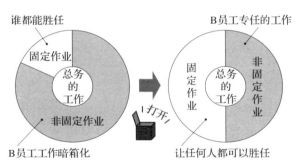

图 6-4　非固定作业划归固定作业的情况增加

综上所述，问题的根源在于"**职场里，我们所认为的非固定作业工作，其实其中大多为固定作业工作**"。

没有后辈敢对资深员工指手画脚："你的工作

效率有问题啊!"最终慢慢变成了专人专职,仅凭个人管理工作,其他人谁都插不上手。

因此,**上司的首要任务便是从客观角度出发,把所有工作分为固定作业与非固定作业**。在划分工作时,富有成效的方法是分别与各员工面谈,具体地写出各项工作,而非集合全体员工一起开大会。

▨ 把固定作业变成人人都能上手的工作

把作业流程全部写下来,设法让每个人都能胜任固定作业吧!职场里常常有种说法:"制作工作手册以后,工作起来会更有效率。"这确实是事实的一面,**可太过拘泥于工作手册,又可能迷失本质**。

在将工作手册化之前,应该先设法让所有人都能胜任工作。要做到这一点,就必须在制作工作手册前,先明确所有固定作业的流程。

将作业流程归纳成条文可以最大限度地避免工作手册出现缺漏或重复。需要强调的是,流程记录工作最好由负责的员工与新人员工一起完成。

在新人员工里，有许多人精通 IT 和新型技术，有人认为："如果能把工作 IT 化的话，工作起来将会更有效率。"总而言之，通过手册制作过程，对作业流程查漏补缺，寻找"不合理、不一致、无用功"，制作完工作手册之后可以获得很好的改善效果。

要 点

职场工作有固定作业与非固定作业两种，职场中人们默认为属于非固定作业的工作里，有一部分是因专人专职而被误认为非固定作业。从具体作业内容来看，许多非固定作业其实属于固定作业。因此，在推行手册化的时候，首要任务便是彻底排查出属于固定作业的工作，这极其重要。在此基础上，再实践手册化与 IT 化等。

28. 改善"会议"

▨ 员工不敢提出意见，会议成了单方面报告会

接下来我想和各位聊一聊会议的推进方法。

关于会议，随处可见"反对会海"之类的主张。那么，所谓的冗会，究竟指怎样的会议呢？

一言以蔽之，可以说"冗会=无意见会议"。无意见会议等同于报告会，这样的话，甚至用不着找开会场所，直接把信息共享到云端就够了。

那么，为何会出现会议上提不出意见的情况呢？从结论推导的话，其中最大的原因在于心理上缺乏安全感——"无论说什么都会遭到否定"。

好不容易发一次言，却被人当笑话看、被当作傻子，甚至遭到他人否定，如果出现这种状况，那么不敢在会议上发言也是理所当然之事。换句话说，要想提高会议效率，首先需要做的是提高员工心理上的安全感。

不言而喻，从长远角度来看，努力提高员工心理上的安全感不可或缺。话虽如此，但现实中这需要耗费大量时间。

在此我想给各位提供一个方法：削减报告会型会议，把报告和汇报上传到云上，再分别与部下面谈并询问其意见。

比如，年轻员工觉得老员工的工作方式没效率，却会犹豫要不要在全体人员面前指出这一点。如果同部下分别面谈，或许部下就能毫无顾忌地提出自己的意见："要是使用××软件的话，5分钟应该就能搞定一个小时的工作量。"

尤其在提出工作改善方案时，极有可能批评某个人的工作方式，在这种微妙的情况下，我建议各位积极地创造机会分别与部下面谈。

然而，如果就是希望集结员工开会，那就尝试改变开会方式。

在部下心理安全感很低时，上司单方面开始讲话会导致之后开口说话的部下战战兢兢。这样一来，部下只好说些从众式的言论。

在此推荐一种方法：**每个人事先准备好纸笔，每个议题留出三分钟左右的时间，让全体成员不设限制尽可能多地写出意见。**

三分钟过后，让大家依次朗读写好的内容。先把意见写在纸上，部下就不会受其他参会者发言的影响，上司便能获得坦诚的意见，这一招很有效果。此处的关键是要求部下**"原原本本读出写好的内容"**。

像这样仅用文字说明，各位可能没有太深的感受，实际尝试的话，就能强烈体会到这种开会方法与此前会议的不同之处。

▨ 开会时分别选出"议长"和"司会"效果更佳

一般而言，在许多会议中，上司兼任"议长"和"司会"，这种情况下，上司会以自己的节奏推进话题，导致参会者渐渐难以插上话。特别是在上司询问"大家怎么想的"时，部下一有思想包袱就极容易打退堂鼓（见图 6-5）。

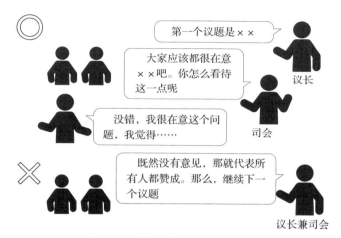

图 6-5　区分"议长"和"司会"

因此，最有效的解决方法便是**区分"议长"和"司会"**。如果上司担任"议长"，那么"司会"最好由团队主管担任。与此同时，请记住，尽量**保障"司会"的心理安全感**。

"如果我自己兼任司会，参会者就不敢说太多话了，拜托你担任一下会议的"司会"。要是讨论离题了，我希望你不要有任何顾虑，直接打断讨论回归正题。即使你打断我，我也不会埋怨你。"

如上述做法，事先拜托对方的话，"司会"就能安心主持会议了。

如果两个人分别担任"议长"和"司会"，即把为会议结论拍板定案的人与主持会议的人区别开，就能减少拍板定案之人的发言机会。参会者也不必看上司脸色，发言变得更有底气了。

另外，这样还有利于抑制上司的"话痨"属性，缩短会议时间。请各位开会时尽量将"议长"和"司会"区分开来。

要　点

无法各抒己见的会议就是冗会，也就是单方面的报告会罢了，这样的话，利用聊天软件和电子邮件共享信息便已足够。虽说如此，但要想不断听取员工意见，需要提高员工心理上的安全感，心理方面的因素需要下功夫才能改善。因此，为了多听听员工意见，我们要多花些心思。最有效的方法便是，把意见写在纸上和区分"议长""司会"。

29. 改善"对 SNS 的使用"

▨ 理解未来时代的部下对认同感的渴望

在许久以前，日本企业里的员工出人头地的欲望直接与工作积极性挂钩。简单来说，就是许多人都带着一种想法——"要赚很多钱，想开上好车，住进气派的房子"，并为此努力打拼。

可随着时代的发展，人们的价值观也日新月异。以前的观点是"只要给了工资，部下就会默默听话，乖乖干活"，在现今时代，这种想法完全变成了旧时代的产物。我采访一线的年轻员工时发现，几乎没人会说"我是为了钱才工作的"。

那么，现今年轻员工的工作动力又是什么呢？年轻员工越来越重视"工作的价值"，它已经取代了出人头地的想法。

提供招聘服务的 en Japan 公司曾经针对用户发起了一项调查，有 96% 的用户表示"工作需要有其价值"（"工作的价值和乐趣"）。调查结果明确显示出了人们对工作价值的重视。

另外，"在工作方面，你觉得有价值的是什么"
这一问题得到的回答中，排名第一的是"获得他人
的馈赠与感谢"（62%）；排名第二的是"工作成果受
到认可"（56%）；排名第三的是"达成目标"（50%）。

**相较于金钱上的回报，年轻人更注重他人对自
己工作的认可，还有获得馈赠和感谢。**

身为上司，在努力提高部下积极性时，首先需
要理解部下的价值观。

已有一部分公司采取了提高员工工作价值的管
理手段。**"感谢卡"** 是其中最典型的例子。这种手
段的原理是员工把感谢的心情手写在卡片上，然后
将卡片送给对方。因东京丽思卡尔顿酒店和日本航
空（JAL）等公司率先采用，这一管理手段广为人
知（手段名称和详细内容因公司而异）。

现在，在云系统上也能互赠感谢卡，有报告称
这种方法还有活跃公司内部交流等效果。

这一管理手段不会产生高昂的成本，而且凭上

司的职权也能轻易实施。

▨ 利用 SNS 实现内在品牌建设

可以说，这种重视工作价值的倾向，与 SNS 交流，两者具有极高的匹配度。尤其是对 35 岁以下的员工而言，SNS 具有很大的影响力，是必不可少的交流工具。

在此建议各位**利用 SNS 进行公司内部的交流。**公司很难禁止员工使用 SNS，在无特别限制的情况下，我建议公司全员都使用 Twitter。

部下取得成绩时，上司可以在 Twitter 上夸奖部下，还可以在 Twitter 上说出自己对部下的一些想法。于是，这些传达给部下的信息自然而然也会展现在其他用户面前。

持之以恒的话，其他用户就会开始反馈积极的评论："干得真不错啊""被上司夸奖了，真厉害"等。

这么一来，**部下除了感受到"在职场里受到夸奖"，还能实际体会到"自己干的这份工作得到社**

—

会上的好评"。这种体会有助于提高工作积极性。

只要发出有意义的 Twitter 信息，关注者就会增加，这也是一大关键点。在 SNS 上得到的点赞越多，部下的关注者就会越多，这么做可以同时提高部下的满足感和工作积极性。进一步还能产生招聘方面的好处，有些人看到 SNS 信息，就会有"好想去这家公司工作"的念头，于是慕名而去公司应聘。**跳槽的最大理由当属"人际关系"，因为很多人都寻求良好的职场人际关系。**

我们已经明白，如果能依照上述方式在职场中利用 SNS，就会为我们带来各种正面效果。过去把经营理念贴在公司的墙壁上，而在如今这个时代，公司高层和上司发 Twitter 信息更能打动员工。

请各位充分利用 SNS 建立公司内在品牌形象吧！

要　点

未来时代的部下不光重视金钱方面的回报，他们越来越重视工作的价值等非金钱性质的回报。因此，上司可以采用感谢卡等方法，以迎合部下对认同感的

渴求，这一招效果绝佳。此外，如果职场允许使用
SNS，我推荐各位利用 Twitter 等平台，以此调动部下
的工作积极性，还能把自己真正想传达的信息直接传
达给部下。

30. 改善"居家办公"

▨ 具体地共享"应负责的工作"与"成果要求"

受新冠疫情等影响，各公司正在进一步深化引
入居家办公模式。**尤其是有些公司在毫无前期准备
的情况下，就被迫启用了居家办公制度，也不与员
工具体地共享每个人应负责的工作和该工作成果的
要求。**

居家办公时，因为部下基本上没法同团队其他
人见面，只能独自一人完成工作，所以很难弄明白
自己**"该干什么工作"**和**"工作成果要求"**，这会
让部下心里七上八下。尤其是事务相关岗位，必须

小心这些情况。

总而言之，在尚不清楚应该由谁做什么工作以及工作成果要求时，部下独自一人在家对着工作自然感到迷茫和不安。

身为上司，这时应当做的是，明确地分派工作给每位部下，并共享工作成果要求。如果能够做好这两点，并且部下相信上司的管理能力，那么即使上司不紧盯每位部下，部下也能做出成绩。

此外，我建议各位上司在"晨会""午间休息""晚会"这三个时间段，利用聊天软件和视频会议工具向团队成员打声招呼，以此保持和工作场所相同的时间安排。

开晨会时，工厂工人一大清早就热火朝天地做广播体操，这种情景大家都习以为常。这些活动不只是启动员工工作模式的开关，在团队全员共享目标、互相确认彼此状态上也具有一定的意义。

特别是在居家办公时，上司没法随时确认团队成员的状态。因此，有些人因为不会被同事看到而偷起懒来，相反，有些人因为终于不用在乎周围人的目光，得以放开手脚，夜以继日不停工作，加班反倒成了常态。有报告称，近期还有人因居家办公时过劳而影响了健康。

虽说如此，但如果过度使用监控工具去监督居家办公中的部下，会有损部下的心理安全感。因此，对员工下达命令的最好时机是在工作时间告一段落时。从我在企业咨询工作中所掌握的情况来说，有些公司在居家办公状态下也能实现高效率工作，这些公司都会细致地跟进工作。

▨ 居家办公模式下也要重视一对一谈话

恳请各位上司注意，即便在居家办公模式下，也务必努力同部下进行一对一谈话。

不同部下的成长速度、目前的能力、对工作的理解程度各不相同，要想掌握每一位部下的情况并培养他们，最好在居家办公期间也坚持与部下分别面谈（见图6-6）。

・明确地分派工作
・做好成果要求的共享
・时常与部下交流

・没有偷懒吧
・如果不在线监督的话……
・就算不管能力强的部下，他们
　应该也没问题吧

图6-6　居家办公时代的交流

哪怕一次面谈的时间仅数分钟也没关系，在"晨会结束后""晚会之前"等时间，利用视频会议工具分别与部下面谈吧！

早上确认当天的目标，晚上确认当天的工作成果，此外还要跟进第二天的目标设定。

申请加班的时候，如加班"到15点"，最好利用聊天软件和在线会议工具等进行讨论。

目前，在居家办公模式下，加班申请的认定标准成了一个大问题。

由于难以看到部下的工作状态，有些原本不必要的加班获得了批准，而有些必要的加班申请反而遭到拒绝，最终导致无偿加班成了常态。

若上司与部下每日进行面谈，就能做到对部下的工作进度心中有数，从而准许恰当地加班，进而避免因加班而产生的麻烦。

与在公司办公不同，在居家办公模式下，可通过在线会议工具实现简洁的面谈。请各位明白，在不能直接见面的情况下，也要与部下保持联络。

要 点

居家办公模式下，交付工作给部下时，最为关键的是明确部下"该干的工作"和"对该工作成果的要求"，并与部下共享对工作的理解。另外，进入居家办公模式之后，很容易觉得没有必要与部下保持最低限度的联络，这么一来，上司和部下对成果要求与工作进度的认知就会产生差异。为了防止发生这种情况，要比正常工作时更用心地与部下交流。

令公司即刻改头换面难上加难，让我们先从『基层职场』着手改善吧

终章

上司能否站在公司立场上，同时又认同部下的想法

现在，上司正陷入前所未有的超负荷工作中。

造成这一现状的主要是工作方式改革。自呼吁工作方式改革以来，"加班＝邪恶"这一观念已深入人心。因此，所有公司里都掀起了一股浪潮，不管三七二十一，先削减普通员工的加班。

可是，由于管理层不在公司发放加班费之列（但是也有例外，如深夜加班），因此强求管理人员加班的风潮正不断蔓延。

确实如此，实务执行能力备受认可的管理层如果可以无偿加班，可能工作就都一股脑儿转给他了。可是，根据我咨询时在一线的所见所闻，长此以往，我认为会产生以下三个问题：

①管理层身体健康状况不佳（甚至辞职）。

②年轻员工无法提升技能。

③想做管理层的员工销声匿迹于职场。

　　我觉得可能无须说明①和②，更应该将目光投向③。**如果一家公司里，只有管理层时刻在辛勤工作，那以晋升管理层为工作动力的员工将销声匿迹。**

　　对已经能与员工好好交流的上司而言，或许这在意料之中，可令人遗憾的是，公司尚未认识到③里潜藏的巨大问题。

　　新冠疫情是造成这种状况的另一个因素。疫情暴发后公司内部发生了重大变化，如居家办公、销售活动和会议转为线上、业务转型等，而上司就身处这些风暴的中心，扛起额外的工作担子。

　　即使身处这种万难窘境中，我仍希望上司在立场上，"站在公司一侧，继续管理职场"，不要联合普通员工和兼职员工一起控诉对公司的不满。

　　原因有二：**其一，上司这样做会导致员工不再遵从公司实施的政策；其二，上司将会因此彻底失去公司的信任。**

　　如前文所述，一旦上司批判了公司，那么员工将不再认真执行公司所实施的对策。

这么一来，上司也将无法做好自己的本职工作，即"达成公司提出的目标"。

此外，上司还将彻底丧失公司的信任，在公司内部越发寸步难行。公司会对其产生戒备心，认为这个人是不是又想搞小动作。

公司高层和董事会极其在意基层管理者的立场究竟是"亲公司"还是"亲普通员工"，在意的程度远超基层管理者的想象。

特别是在中小企业和初创企业中，情况更是如此。因为基层管理者是少数精锐，作为干部候选，担负着公司的重要岗位，所以公司担心基层管理者突然辞职，或是对公司抱有二心。

正因为此，基层管理者的一言一行都应偏向公司的立场，这非常重要！

此外，**基层管理者应担负起凝聚员工的作用，同时具备共情能力，可以倾听员工的心声**。这是因为，如果做不到这一点，就无法得到员工的信任，更无从解决职场问题。

综上所述，**基层管理者处于非常关键又艰难的位置，必须同时取得公司和员工两方的信任**。毫不夸张地说，上司工作的难点就来源于此。

改善职场的并非制度，而是基层管理者

公司往往热衷于引入系统，利用新系统尽可能高效地开展职场改善，提高工作效率，增加销售额和利润。系统不仅方便，还能利用存储的数据进行分析。

对公司而言，系统还有使用方便这个好处。可是，**仅凭引入系统，并不能产生任何作用，需要让管理系统渗透进职场，而基层管理者是其中的关键所在**。

简而言之，如果基层管理者不忠于职守，那么，任何系统都没法渗透进职场，更别说取得成果了。但令人遗憾的是，许多公司认为只要引入新系

统，它就会顺利发挥作用，这也是当下的现实。

每逢发布公司牵头的改善措施，基层管理者都得劝导部下付诸实践，可是一般仅半年时间，公司的措施便消失得无影无踪了，因为公司往往热衷于修正那些没法立竿见影的措施。

反复这样做，员工就会对基层管理者这么说："就算是公司让我们干的，但过个半年，这措施就自然消失了。我们走个过场，得过且过不就行了？"

基层管理者一定能猜到部下的想法吧。但是，即使身处这种环境，基层管理者也必须认真地埋头苦干，改善职场、提高工作效率、增加销售额和利润。

系统常常更新换代，制度和规则也会经常修正，基层管理者要理解这一点并向员工说明，获得员工的认可后，才能不断有所作为，这就是上司的职责。正因为此，基层管理者的活跃表现对改善职场起着至关重要的作用。

让我们从职场成员开始付诸实践

改善职场时，如果等待全公司一起行动的话，在等待期间，时间瞬息即逝。要耗费相当多的时间才能让全公司一起行动改善职场。此外，如前文所述，公司未必能抓住职场问题的症结所在并提供改善对策。因此，**在力所能及之处，逐步推进改善吧**。

此时最重要的是，**"公司经营理念同经营计划方向一致"** 和 **"引起职场成员共鸣的同时，一起埋头苦干"**。

我因职业关系，机缘巧合之下，至今已多次碰见这一幕：很多明事理的上司单枪匹马，赌上毕生职业生涯奋力寻求改善，甚至到了直接和公司摊牌的地步。然而，一帆风顺的例子一个都没有。

大多情况下，基层管理者单枪匹马寻求改善是因为没能获得公司的赞同，职场成员也不跟随基层管理者一起行动，因此，"杀身献祭"的可能性极高。希望本书的各位读者千万要避免陷进这种窘境里。

不说这些丧气话，我盼望着各位读者可以在公司里干出成绩，获得公司和职场成员的信任，进而打造一个无与伦比的职业生涯。

我希望各位可以让公司和职场成员一起致力于改善活动。要想做到这一点，"报联商"就是我们的秘密武器。

开展改善活动时，需要告知公司"①对策内容"和"②着手理由"。关于着手理由，如果感觉直接告知公司"职场问题症结所在"会导致一些问题的话，那就要考虑一下采用哪种告知方式。

我建议在这种时候，**把"将来的目标"告知公司，而非说些"过去的问题"，如"我想把职场变成××样"之类的。**没必要弄虚作假整些假报告，可以在获得公司认可的同时，持续推进改善。

还需要把"①对策内容"和"②着手理由"告知职场成员，**此处告知着手理由的要领是告诉他们**

自己可以获得哪些好处，让他们脑海里浮现出具体的画面。其中最具代表性的好处是"**工作便利性**"。

说起工作便利性，近来掀起了一股风潮，认为早点儿下班回家、放很多假全都是"休息便利性"。

我认为，职场的工作便利性是指"环境和谐，以便高效率地产出工作成果"。

我希望各位上司务必把工作便利性的这一定义告知部下。毋庸赘述，对于拿出成果的部下，请将他的表现认真反馈到人事考核中。并且，我还希望各位上司能让整个职场逐步形成一种大步迈向未来的文化。

改善职场可没法走寻常路。正因为此，才有干下去的价值。今后，让我们齐心协力打造一个工作便利的职场环境吧！

结束语

衷心感谢各位读者能够读至本书结尾。

想要传授具有更高再现性的方法，以便各位基层管理者解决职场问题，才有了本书。

出于这一目的，**本书想把做好基层管理者工作的"具体方法"教给各位，而非过去屡见不鲜的"唯精神论"的空话。**为了便于各位日后重读本书，**我把第 1 章和第 2 章的内容概括到了章后的"小结"中，而在第 3 章至第 6 章中列出了每一节的要点。**如果能助各位一臂之力，我将欣喜不已。

此外，为了现在立刻上手实践，请先准备好管用的工具，如员工的个人说明指南、一对一面谈记录表等。诚然，比起依样画葫芦式地使用本书反复传达的方法，如果各位可以契合职场现状，量身定制方法并应用到职场里，效果将更好。

在解决职场问题这一点上，"上司的成长"才是重中之重。仅仅引入各种管理工具并不能解决任何问题。

如果基层管理者通过阅读本书能"**提升自身技**

能并因此做好上司应当做的工作”，如果公司高层和人力资源部门人员通过阅读本书对“**为身为上司的勤奋员工提供培训**”感兴趣，并采取行动的话，我将欣喜若狂。

最后，本书的见解源于平时承蒙关照的各位客户，我希望把这些见解传递给受同样问题困扰的职场，为其提供改善的线索，于是执笔写下本书。

在此我想向客户公司的高层与人力资源负责人，还有一直协助我的全体员工，表达我衷心的感谢。

“一直以来真的非常感激各位。今后我们继续一起加油吧！”

大桥高广

2021 年 5 月

最新版

"日本经营之圣"稻盛和夫经营学系列

任正非、张瑞敏、孙正义、俞敏洪、陈春花、杨国安　联袂推荐

序号	书号	书名	作者
1	9787111635574	干法	【日】稻盛和夫
2	9787111590095	干法（口袋版）	【日】稻盛和夫
3	9787111599531	干法（图解版）	【日】稻盛和夫
4	9787111498247	干法（精装）	【日】稻盛和夫
5	9787111470250	领导者的资质	【日】稻盛和夫
6	9787111634386	领导者的资质（口袋版）	【日】稻盛和夫
7	9787111502197	阿米巴经营（实战篇）	【日】森田直行
8	9787111489146	调动员工积极性的七个关键	【日】稻盛和夫
9	9787111546382	敬天爱人：从零开始的挑战	【日】稻盛和夫
10	9787111542964	匠人匠心：愚直的坚持	【日】稻盛和夫 山中伸弥
11	9787111572121	稻盛和夫谈经营：创造高收益与商业拓展	【日】稻盛和夫
12	9787111572138	稻盛和夫谈经营：人才培养与企业传承	【日】稻盛和夫
13	9787111590934	稻盛和夫经营学	【日】稻盛和夫
14	9787111631576	稻盛和夫经营学（口袋版）	【日】稻盛和夫
15	9787111596363	稻盛和夫哲学精要	【日】稻盛和夫
16	9787111593034	稻盛哲学为什么激励人：擅用脑科学，带出好团队	【日】岩崎一郎
17	9787111510215	拯救人类的哲学	【日】稻盛和夫 梅原猛
18	9787111642619	六项精进实践	【日】村田忠嗣
19	9787111616856	经营十二条实践	【日】村田忠嗣
20	9787111679622	会计七原则实践	【日】村田忠嗣
21	9787111666547	信任员工：用爱经营，构筑信赖的伙伴关系	【日】宫田博文
22	9787111639992	与万物共生：低碳社会的发展观	【日】稻盛和夫
23	9787111660767	与自然和谐：低碳社会的环境观	【日】稻盛和夫
24	9787111705710	稻盛和夫如是说	【日】稻盛和夫
25	9787111718208	哲学之刀：稻盛和夫笔下的"新日本 新经营"	【日】稻盛和夫